JN073116

知りたいことがよくわかる!

図解 住宅ローンのしくみと新常識

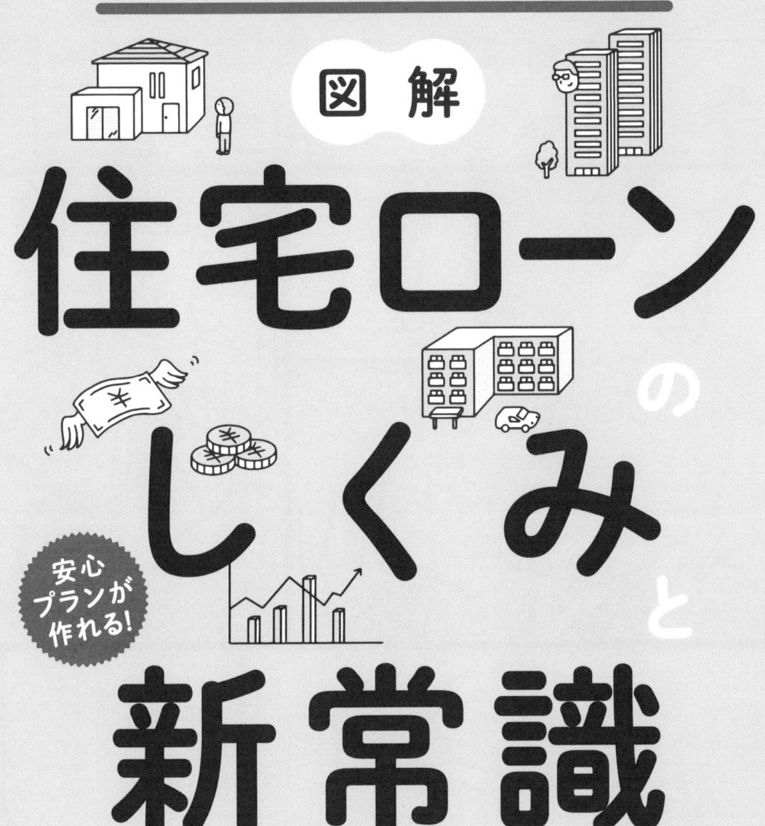

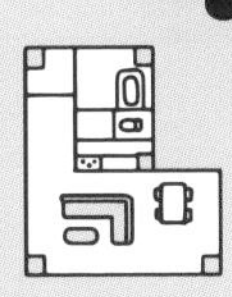

菅原隆行［著］

ナツメ社

おぎゃー
おぎゃー
おぎゃー
おぎゃー
ピコピコ
おぎゃー
ピコピコピー
おぎゃー
もー
また
起きちゃった
じゃない
はーい
ママでちゅよ
ピコピコ
ピコピコピー
リビングでは
うるさく
しないって
約束でしょ
うぇーん

パパー
とてててて
ごめんよ
ちょっと通らせて
ほらほら
邪魔よ
ごめんよ
ちょっと通らせて
お、お……
おうちが
狭～い!!

その夜――
たしかに家が狭くなってきたわね
あの子も大きくなってきたし
そろそろ欲しいわね～
欲しいの？
欲しいよね～
マイホーム！

賃貸とは
設備が
違うわよ～
マイホームの
住みやすさったら
ないわ！
パンフレット
うぐっ！
た、高い……
たしかに
月々の返済額は
賃貸と変わらない
けど……
パンフ
そのために
お得な制度が
あるんでしょ
住宅ローンの
控除ってやつ！
ロ……
ローン？
住宅ローン!!
ローン地獄の
イメージ

いえいえ、金額は賃貸と同じだから大丈夫よ！
それに最後は自分のものになるんだし
賃貸じゃ何も残らないのよ
賃貸とローンは同じだろうか？
でも、いずれ考えなくちゃいけないのは確かだし
そうだね腹をくくるか
パパは心配症だなぁ～
おぎゃおぎゃ！
「ママ、同じじゃないよ」
おぎゃおぎゃおぎゃ!!
「賃貸とローンは同じじゃないよ」
ほらこの子もママの言う通りだって
そうかああっはっは

数日後——
相変わらずさわがしく暮らしてるかー?
出産祝い持ってきたわよー
こんちわー
寿
お姉ちゃん久しぶり!
どうぞお義姉さん坊ちゃん!お茶入れますよ
え?マイホーム買うの?
うんたしかにいい時期かもね
お姉ちゃんたちが建てた家はいいよね~
食洗機とかついてて憧れちゃう!
よう
いとこだー

そんな設備よりも大事なのは住宅ローンだけどね
ビシッ
設備ではわがままいっても住宅ローンはあくまで堅実に！
ローン
やめて！うちのパパはローンって聞くと緊張しちゃうんだから
何もわかっていないもんで……
あはは……
あんたは違う？買うにしても住宅ローンについて考えてるの？
不安だわ……
言ってみなよ
私の気になるポイントは返済期間かな？
ローン返済の期間を短縮……それが最優先ね！
キラーん

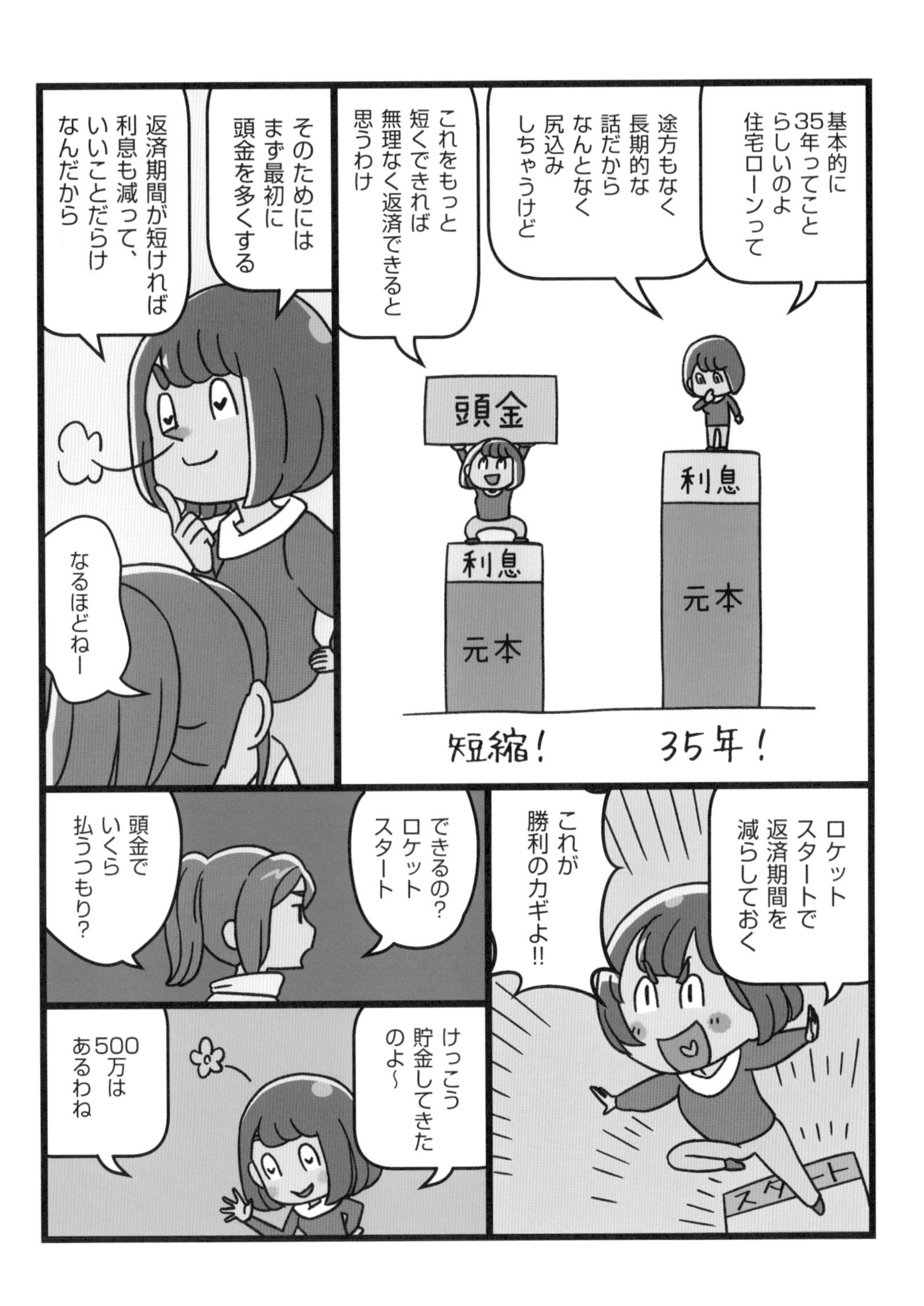

基本的に
35年ってこと
らしいのよ
住宅ローンって
途方もなく
長期的な
話だから
なんとなく
尻込み
しちゃうけど
これをもっと
短くできれば
無理なく返済できると
思うわけ
頭金
利息
元本
短縮！
利息
元本
35年！
そのためには
まず最初に
頭金を多くする
返済期間が短ければ
利息も減って、
いいことだらけ
なんだから
なるほどねー
ロケット
スタートで
返済期間を
減らしておく
これが
勝利のカギよ!!
スタート
できるの？
ロケット
スタート
頭金で
いくら
払うつもり？
けっこう
貯金してきた
のよ～
500万は
あるわね

あんたそれ何のために貯金してたの？
ぜんぶ頭金に投じて大丈夫!?
何のため……？
事故、病気、景気……
いざという時に家族を守る貯金
そんなお金だったんじゃないの？
家族のために家を買ってローンを組んで
そのローンが原因で家族を守れなくなるとしたら
本末転倒になるわよ!?
MY HOME

やっぱり返してくださいなんて通らないのよ
あの時頭金に使ったお金が今あれば……って後悔しても
笠 50円
そ、その時は……またがんばる！
笠だってつくる！
う、うん……パパもがんばる！
はいはいあなたはがんばり屋だわ
育児もよくやってるだけど出産で収入はどうなった？
はぁはぁ
貯金が増えたのはいつだった？
なんか揉めてるね
ぼくたち子どもがいると大変ならしい
え!?
私たち捨てられちゃうの？
相変わらず極端だねそして君の家の話にぼくは関係ない
ついでにその文字、枠に収まらなさそうだね
最初に大きく書きすぎなんだよ
ひらがな れんしゅうちょう
なまえ
かねだ

もっと配分を考えて
余白を持たせてはじめるんだ
小学生ヅラしやがって〜
ぼくは小学生だよ2歳年上のね
そもそも、ママ……
ぼくらはいつまで今と同じように働けるのかな？
体は丈夫なほうよ私もパパも
大丈夫！
先のことはわからない
パパさんはそれがわかってきたようね

体が元気でも
仕事が
なくなることは
あるのよ
勢いで
やっちゃ
だめだよ
考えても
わからないことは
起こるのよ
ちゃんと
考えないと
考えても
わからないのよ
だから
考えないと
もう！
考えたく
なーい!!
計画
計画
計画
計画
計画
計画
計画

広告には
家賃と同じって
書いて
あるじゃないか
住宅ローンって
減税されて
オトクなんだろ?
でも何で
こんなに
怖いんだ?
住宅ローン
こわいよー
こわいよー
おぎゃー
おぎゃー
これは
俺が
何も知ろうとして
こなかったから……
住宅ローンの
勉強をおざなりに
してきたからだ!!

ママは間違ってない！
動機もタイミングも間違ってはいないよ
広い家には移るべきだし
それが可能な収入ではあるはずだ
ですね？
お義姉さん！
そうねマイホームをいま買うこと自体は
私も賛成よ
がんばろうママ
一緒に！
きっと参考になる本が
探せばあるはずだよ

あまり
難しくなく
うまいローンの
組み方がわかる
本があるのなら
……
ヨロ
ヨロ
急に
「やれる感」
でてきたわ
がんばる
方向が
見えてきた
から
すっ
私も
そんな気が
してきた！
関係
ないけど
さっそく今日
本を見つけて
読んじゃうわ！
パパの方が
はやく
読んじゃうぞ！
そんな本が
ここに
あるんだけど
……
まあいいわ
ぼくも今から
住宅ローンのこと
考えようっと！

はじめに

マイホームは欲しいけど、ローンのことは考えたくない。

現在、賃貸住まいで、住宅購入を考えている方で、このように考えられている方は多いのではないでしょうか。お金が入ってくる話は楽しいですが、お金が出ていく話というのは面白いわけがないので、当然だと思います。

しかしながら、まったく住宅ローンの知識がなく、不動産会社や銀行に「面倒なので全部お任せします！」とやってしまうと、失敗した場合は、無謀なローンを組むことになって後で苦しむことになるわけです。実際にそういった方はたくさんいらっしゃいます。せっかく家族が幸せになるために買ったマイホームが、逆に家族の幸せを阻(はば)む結果になるのです。そのような意味で、住宅ローンをある程度自分でコントロールできる知識はお持ちいただきたいと思っています。ちょっと大変かなと思う方もいらっしゃるかもしれませんがご安心ください。

本書は住宅購入の入り口からわかるように、なるべく難しい言葉を避け、図で理解できるようにしました。各ページ右側ページに説明の文章、左側ページに図解という構成となっています。面倒な場合、左側の図のページだけ読んでいただいても理解できるようにしております。

また、一気にすべて読む必要もありません。**住宅を購入する際、そして住宅購入後もちょっとわからないことがあったらその言葉について調べるでも大丈夫です**。タイトルで探せるように、タイ

トルに重要なキーワードを出すようにしております。また、各チャプター（章）の順番も

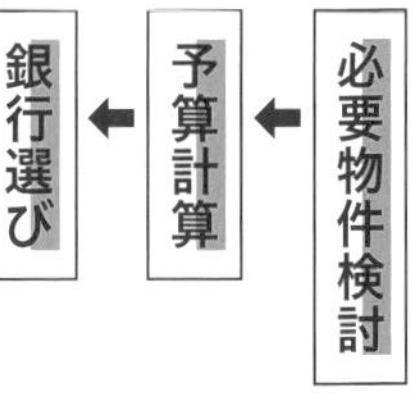

のような形で現実の住宅購入のステップ通りに書いていますので、ご自身の段階に合わせて、今知りたい部分のみ見ていただいて問題ありません。

住宅ローンについて何も考えないで購入するのは危ないですし、逆に住宅ローンについて考えすぎて前に進めないのももったいない話です。本書を読んでいただくことで、安心してマイホーム購入に踏み出せて、そして金利や税金でちょっとお得にローンを返済していただけたらいいなと思って書かせていただきました。

入門書として、そして後々知りたいことをさっと確認するものとして、ご利用いただければ嬉しいです。

２０２１年７月　ファイナンシャルプランナー　菅原隆行

Chapter 01

これからの制度と緩和の傾向、および法改正について

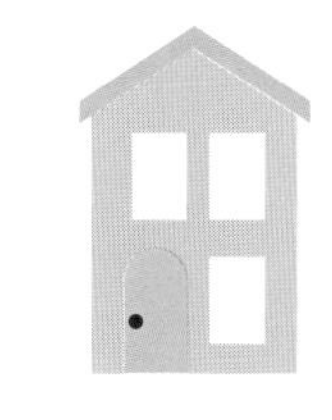

Chapter 02

住宅取得のライフプランについて

Chapter 03
住宅の取得について

Chapter 04
住宅ローンの基礎知識

Chapter 05 住宅ローンを借りる

Chapter 06 保険について

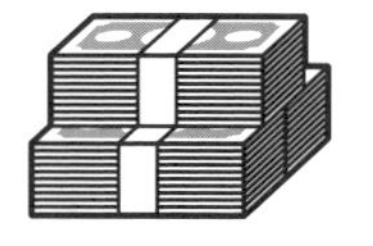

Chapter 07
住宅ローンを上手に返す

Chapter 08
購入時の税金について

Chapter 09

手放すとき、返せなくなったとき

これからの制度と緩和の傾向、および法改正について

01 Section

令和3年新制度：住宅ローン控除の控除期間13年の1年延長

住宅ローンを借りることで受けることができる、少しお得な制度の住宅ローン控除。新型コロナなどの影響を受け、控除期間13年が1年延長されることになりました。

住宅ローン控除と控除期間とは

詳しくはチャプター8セクション6に記載をしていますが、住宅ローン控除とは、一定期間、住宅ローン残高に応じた金額が所得税から還付される制度です（所得税で還付しきれない分は住民税から還付）。

もともと、年末のローン残高に対し1％を10年間還付するという形で成立した制度ですが、消費税を8％から10％にするにあたり、この期間を一時的に10年から13年（ただし最後の3年間はローン残高に1％ではない計算）に延長するという措置がとられていました。

控除期間13年が1年延長に！

1％の還付が10年あり、それに近いものが3年プラスされるということで、住宅ローンを組むにあたり非常に消費者に有利な状況ですが、もともとこの13年という部分は、令和2年（2020年）で終了し、令和3年から控除期間はまた元の10年間に戻る予定でした。

しかし、この期間を1年延長し、令和3年までに住宅を購入する場合（※注文住宅か建売住宅かなどで契約日に細かい条件があります）、控除期間13年を適用となりました。3年分最大80万円ですが、タイミングが合えばうまく活用しましょう。

令和3年がラストチャンス？

控除期間13年という制度が、予定通り令和3年で終わるのか、さらに翌年の令和4年まで延長されるかどうかはわかりません。ただ、後述しますが、住宅ローン控除の「1％は出しすぎ」という見方などもあり、消費者に有利でない方向に動いている状況もあります。

中古物件の個人間売買の場合

多くの場合は消費税がかからないため、上記13年の制度は対象外です。

令和3年新制度:住宅ローン控除の控除期間13年の1年延長

住宅ローン控除とは一定期間、住宅ローン残高に応じた金額（現在は年末ローン残高１%）が所得税から還付される（戻ってくる）制度です。

もともとの予定

	年末借入残高の上限	控除率	控除期間	最大控除額
～令和2年12月	4000万円 (5000万円)	1%	13年	1～10年目 **400万(500万)** ＋ 11～13年目 **※1の額**
～令和3年12月	4000万円 (5000万円)	1%	10年	**400万(500万)**

※1　11年目から13年目は①②のうちいずれか低い額
①住宅ローン残高の1%
②建物の取得価格（上限4000万円）×2%÷3
（）内は認定住宅（認定長期優良住宅または認定低炭素住宅）の場合

新制度

	年末借入残高の上限	控除率	控除期間	最大控除額
～令和3年12月 ※注文住宅は9月契約まで、建売や増改築等は11月契約まで	4000万円 (5000万円)	1%	13年	1～10年目 **400万(500万)** ＋ 11～13年目 **※1の額**

1年間延長に!

※新築や建売の場合になります。中古住宅の個人間売買は対象になりません（詳しくはチャプター8の6とコラムを参照）。

まとめ

控除率1%の引き下げについても検討されており、今後消費者に不利な形になる可能性があります。すでに住宅ローンを使って住宅を購入することを決めている方は、令和3年にしっかり物件検討をするのがおすすめです。

Section 02

令和3年新制度：住宅ローン控除が40㎡以上から適用に

これまで住宅ローン控除は床面積が50㎡以上という条件がありましたが、40㎡以上という条件になりました。2人で1LDKのマンションを買うという状況にもチャンスが広がります。

住宅ローン控除条件とその緩和の内容

住宅ローン控除は住宅ローンを組みさえすれば無条件で控除が受けられるものではありません。条件にあったものだけが控除される仕組みです。

その条件の中の1つに床面積があって、令和2年までは50㎡以上だったのですが、この部分が緩和されて40㎡以上になりました（ただし、所得の制限がありま す）。マンションで考えると、これまで2LDK以上が主な対象だったものが、1LDKなども対象になってくるというイメージです（※マンションの場合、販売図面でギリギリ40㎡だと、条件を判定する「内法面積」では40㎡に満たない場合がありますので確認するようにしてください）。

これまでより10㎡狭くても適用されるということで、消費者に有利な改正と言えると思います。

市況も変わるので要チェック

これまで住宅ローン控除がきかなかったものが、きくようになるということで、40㎡以上50㎡未満の住宅については、売り出される形などが徐々に変わってくる可能性があります。

具体的に言えば、今後売り出されるもので40㎡以上のものが増える（例えばマンション建築時に、40㎡よりちょっと広いくらいの部屋の戸数が増える）であったり、この大きさの住宅が住宅ローン控除分を見込んで少し高めの設備にして価格を上げてきたりというようなことです。

この広さの住宅を検討されている方は価格の動向などをチェックするようにしてください。

令和3年新制度:住宅ローン控除が40㎡以上から適用に

控除条件

①床面積40㎡以上（内法面積）
②返済期間が10年以上
③所得額3000万円以下

床面積40㎡以上50㎡未満の場合は1000万円以下

その他新築または取得日から6か月以内に入居、床面積の2分の1以上が自分の居住用であること。

＜中古の場合＞

・耐火建築物（マンション等）の場合
　　…築25年以内
・耐火建築物以外の場合
　　…築20年以内

また、いずれか一定の耐震基準を満たしている（住宅性能評価書を取得、耐震基準適合証明取得、既存住宅売買瑕疵担保保険の加入）。

まとめ

令和2年までは対象外だった40㎡以上50㎡未満の住宅も住宅ローン控除の対象になります。例えばマンションであれば50㎡以下の1LDKが対象圏内に入ります。

Section 03

令和3年新制度：グリーン住宅ポイント

以前あった「次世代住宅ポイント」によく似たもので、簡単に言うと「省エネ住宅にすればその分ポイント還元します」というものが新設されます。

ポイント取得には期限あり

ポイント取得をするにも期限があります。グリーン住宅ポイントの対象になる新築工事は2020年12月15日～2021年10月31日に工事請負契約を締結した工事となっています。

とはいえこちらは予算を使い切った時点で申請が打ち切られる可能性がありますので、利用される方は早めの申請を意識してください。

新築、中古住宅、リフォームでそれぞれ利用可能

どんなものが、どれくらいのポイントを取得できるかは左の図に記載しました。特例なしで考えると、概ね数十万を限度にポイント還元されるというしくみです。ポイントの使い道については商品や追加工事の費用として利用できます。商品であれば「新たな日常」に資する商品、防災関連商品、子育て関連商品などと定義されておりますが、具体的には家具や家電で利用できます。

どんな住宅でも取得できる点が利用しやすい制度と言えます。左の図ではリフォームについての詳細を割愛しておりますが、リフォームではかなり細かく工事ごとにポイントが決められているのでホームページ等でご確認ください。

長期優良住宅や低炭素住宅ならば控除枠も拡大

また、27ページの上の図に（）内で記載しましたが、長期優良住宅や低炭素住宅は住宅ローン控除の額も増えますのでこちらもあわせてご確認いただき、住宅の内容を決められるといいと思います。

令和3年新制度:グリーン住宅ポイント

●新築（持家）

対象住宅	基本の場合のポイント	特例の場合のポイント
①高い省エネ性能を有する住宅（認定長期優良住宅、認定低炭素建築物、性能向上計画認定住宅、ZEH）	40万pt／戸	100万pt/戸
②省エネ基準に適合する住宅（断熱性能４かつ一次省エネ等級4以上を有する住宅）	30万pt／戸	60万pt/戸

※特例は次のいずれかに該当。東京圏から移住するための住宅／三世代同居仕様である住宅／多子世帯が取得する住宅／災害リスクが高い地域から移住するための住宅。

●既存住宅（中古住宅）の購入

対象住宅	基本の場合のポイント
①空き家バンク登録住宅 ②東京圏から移住するための住宅 ③災害リスクが高い地域から移住するための住宅	30万pt／戸 （④と併用可能なため最大45pt）
④住宅の除却にともない購入する既存住宅	15万pt／戸

●住宅のリフォームの場合

一戸あたり上限30pt

特例①　若者・子育て世帯は45万pt（既存住宅の購入をともなう場合は上限60万pt）
特例②　若者・子育て以外でも安心R住宅を購入し、リフォームを行う場合45万pt

※ポイント数は工事ごとに細かく決められているので詳しくはグリーン住宅ポイントのホームページ（https://greenpt.mlit.go.jp）などでご確認ください。

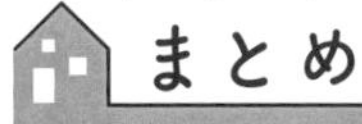

まとめ

予算が限られているのでやるなら早めに申請しましょう。認定長期優良住宅や認定低炭素住宅は住宅ローン控除も有利になるのであわせて検討を。

04 Section

令和3~4年施行予定：老朽化マンション対策の法改正

令和2年度にマンション法の改正が公布されました。1年半~2年以内施行というものが多いので、令和3年~4年にかけて実際に動きがだします。マンションの購入を考えてる方は注意してみていきましょう。

マンションの管理適正化と建て替えの円滑化

改正の目的は古いマンション問題の解決にあります。日本のマンションはおよそ600万戸以上あるのですが、そのうちおよそ3分の1程度がすでに築後30年経過しています。鉄筋コンクリートは木造より長持ちするものの、30年、40年とたつと弱りますので、きちんと管理されてないと危険です。外壁がはがれて落ちてくるなどの可能性があります。

このため、マンションの管理を地方公共団体が助言や指導するといったことをできるようにしたり、古いマンションを建て替えしやすくするようにするための法律を強化したという形です。概要は左側の図をご覧ください。

何が変わると想定できるか

この法改正により、古いマンションがどんどん建て替えられるということはないと思われますが、マンションの管理というは重要性を増していくと想定されます。

建て替えについては国も目標としては令和7年度までに180戸程度建て替えが進めばいいというスケールですが、管理適正化については、20年以上の長期修繕計画を立てているマンションの管理組合を、「7割以上にしていく」ということで高い目標となっています。

今後古いマンションで、管理がなされてないものについては、行政の指導などが入り、修繕の積み立て金などが増額されるといったこともありうるでしょう。

老朽化マンションの建て替え目標
国の目標としては令和7年までに180戸程度。

老朽化マンション対策の法改正

マンション管理適正化法の改正

<国>

・国土交通大臣は基本的な方針を策定

<地方公共団体>

・マンション管理適正化推進計画制度
・管理適正化のための指導・助言等
・管理計画認定制度

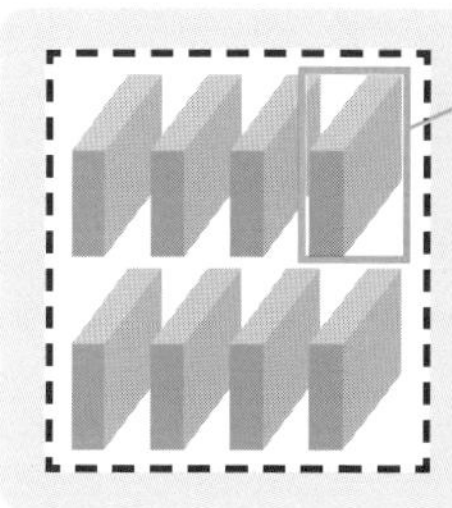

マンション建替円滑化法の改正

<除却の必要性に係る認定対象の拡充>

追加①：外壁の剥離等により危害を生ずるおそれのあるマンション等

・4／5以上の同意によりマンション売却を可能に
・建替等の容積率特例

追加②：バリアフリー性能が確保されていないマンション等

・建替等の容積率特例

<団地における敷地分割制度の創設>

上記等の要除却認定を受けた老朽化マンションを含む団地において、敷地共有者の4／5以上の同意によりマンション敷地の分割を可能とする。

令和2年（2020年）にすでに公布されていますが、準備期間がとられており実際の施行は1年半～2年以内とするものが中心となっています。このため、令和3年から4年に施行されていく形になります。

まとめ

築30年以上のマンションの購入に関しては、管理組合が長期の修繕計画をきちんとしてきていたかで、以後のランニングコストや資産価値が変わってくる可能性があるので注意。

05 Section

令和4年以降の見通し：住宅ローン控除「1%」の見直し

現在の住宅ローン控除の基準の1%が、2022年以降に見直すという検討がされている模様です。確定事項ではないですが令和3年1月現在の見通しをお伝えします。

借りれば儲かる!? 制度になっていた

住宅ローン控除が1%と定められた時期は、住宅ローンの金利が4%といった時代でした。その後平成後期・令和初期とずっと低金利となり、金利0・5%以下というものが多くある状態です。単純化して計算すると、金利0・5%で借りて1%が戻ってくる（控除される）状態となるとその差の0・5%分多く戻ってくることになり、「借りたほうが儲かる」という構造になります。この部分が問題視され、この「1%」が見直されようとしています。

今後の見通し

あくまで現状の議論での話ですので、確定ではないですが、「年末時点の借入残高に対し1%」と「年間の利息負担」のどちらか少ないほうになるといわれています。

このため、払った利息以上に控除が受けられることはなく、低金利で借りる方については実質控除が減額されるという状況になります。実際どれくらいの減額になるかは、ローンの条件によって変わりますので一律ではお伝えできませんが、新築の物件価格4000万、金利0・5%、控除が満額効く年収だったとして計算すると、ざっくり計算で150万円くらいの差となります。4000万に対し150万なので、およそ4%程度という感じですね。

ただし令和4年度から1%という部分に見直しが実際にかかったとしても、焦って物件を選ばないようにしましょう。また、フラット35などの1%を超える長期金利のローンを考えている方は影響ありません。

住宅ローン控除「1%」が見直される予測

	年末借入残高の上限	控除率	控除期間	最大控除額
～令和3年12月 ※注文住宅は9月契約まで、建売や増改築等は11月契約まで	4000万円 (5000万円)	1%	13年	1～10年目 **400万(500万)** ＋ 11～13年目 **※1の額**

※1　11年目から13年目は①②のうちいずれか低い額
①住宅ローン残高の1%
②建物の取得価格（上限4000万円）×2%÷3
()内は認定住宅（認定長期優良住宅または認定低炭素住宅）の場合

※中古物件の個人間売買は数値が変わります

この1%が見直される見込み(2022年度) ※確定ではありません。

現制度(令和3年)
年末時点の借り入れ残高に対し1%
×

こちらに変わっていく見通し
年末時点の借り入れ残高の1%と年間の利息負担**どちらか少ないほう**
○

なぜこの1%が見直されようとしているのか

- 制度が導入されたのは住宅ローン金利は4%の時代
- 2021年2月現在、変動金利だと住宅ローンの金利も0.31%や0.38%といったものがあり、0.5%以下も多い
- 例えば金利が0.5%で借りている人が住宅ローンで1%控除を受けると、その差（1%－0.5%＝0.5%）分だけ「借りたほうが儲かる」という現象がおきるため

まとめ

令和4年度の制度改正で、控除1%は変わる可能性があります。住宅を購入する必要があり、必要な物件の条件が決まってるという人は、早めの検討・決断をしたほうがよさそうです。

Section 06

令和3年新制度：贈与税非課税枠最大1500万の延長

親から援助をもらう際の非課税の枠がもともと2021年3月まで最大1500万、4月からは1200万と減額される予定だったのですが、2021年度いっぱいまで延長に。

援助の非課税枠が最大1500万

親から援助を受けて住宅を購入するという人も多くいらっしゃると思います。チャプター8セクション3に記載をしているので併せてご確認いただきたいのですが、援助を受ける場合は金額に合わせて贈与税がかかります。計算については細かいので本書では割愛しますが、贈与税は税率が高く、1000万の贈与だと200万くらいの贈与税を支払うことになります。

直系尊属からの住宅取得に対しての贈与は特別に「贈与税をとりません」という金額の枠があり、もともと2021年4月からは、質の高い住宅（省エネであったり耐震性の高いもの等）で最大1200万、一般の住宅で最大700万になる予定でした。しかし、こちらの制度がみなおされ、2021年12月まで質の高い住宅最大1500万、一般の住宅最大1000万という形で非課税の措置をうけられるようになりました（2021年3月までと同額で延長）。

延長は21年度までの予定、焦るべきか

この制度が2022年以降どうなるかわかりません。最大1500万ということが継続するかもしれませんし、もともとの予定通り最大1200万になるかもしれません。

また、ご注意いただきたいのはあくまで「最大」であることです。1500万の非課税措置というと非常に得な気持ちになりがちですが、一般の住宅では最大1000万ですし、実際の援助の額が500万ということであればおそらく22年以降も非課税措置の枠内かと思います。

贈与税非課税枠最大1500万が2021年12月まで延長

●住宅取得金の贈与税非課税限度額（消費税10％で取得の場合）

もともとの予定

期間	質の高い住宅	一般の住宅
～2020年　3月	1500万円	1000万円
～2021　12月	1200万円	700万円

新制度

期間	質の高い住宅	一般の住宅
～2021年　**12月**	1500万円	1000万円

条件

受贈者（受け取る人）

- 日本国内に住所を有している
- 贈与者の直系尊属であること
- 贈与年の合計所得が2000万円以下
- 翌年3月15日までに家屋の新築もしくは取得、または増改築をすること
- 贈与年の翌3月15日までに居住すること

※増改築の場合は条件が細かいので国土交通省のホームページなどをご覧ください。

物件の条件（新築・中古の場合）

- 取得した住宅の床面積が50㎡以上240㎡以下でかつ、家屋の床面積の2分の１以上が居住用（令和3年以降の贈与の場合は40㎡以上。ただし受贈者の合計所得は1000万以下）
- 新築後使用されてない、中古の場合は耐火建築は25年以内その他のものは20年以内の耐震基準を満たすことが証明された住宅（耐震基準適合証明書、建設住宅性能評価書、既存住宅売買瑕疵担保付証明書のいずれかが必要）

まとめ

非課税枠1500万の延長は贈与を受けて住宅を買うことを決めてる人にはひとつのチャンスと言えます。ただ、この制度のためだけに焦って購入は避けましょう。

Column

新型コロナウィルス対応からみる フラット35の安心感とスピード感

返済特例を新型コロナウィルスに対しても適用の判断

もともとフラット35には返済が困難な場合の救済制度がいくつか存在していたのですが、新型コロナウィルスの問題が表面化した早々の時期から、この救済施策を適用することをホームページ上で発表していました。

中でもインパクトが強いのが、返済特例というもので、限度の年齢80歳までであれば、15年間の返済期間の延長をするものがあります（いくつか適用条件をクリアするのが条件です)。

具体的に返済額に対してどれくらいの影響があるかを見ると、例えば4000万円を1％で借りる場合、35年返済だと約11.5万円が毎月の返済額ですが、トラブルが発生するとして、15年延長して50年返済にした場合、月々約8.5万円になります。月々の3万の差です。破綻するかどうか、というゾーンでこの3万は大きいですよね。

民間の金融機関では相談することで個別に対応はあるだろうと思われるものの、金融機関の経営状態などによって違いがあるでしょうし、対応が明確に公開されてません。

このような面から見ると、危機的状況にはフラット35は非常に強いしくみを持っていると言えます。

長いローンだからこそ「安心」も大事な要素

2011年の東日本大震災、2020年の新型コロナウィルスと、本当に何がおきるかわからない世界になってきました。住宅ローンは長丁場ですから、支払う金額も重要ですが、どれだけ安心して気分よく返済し続けられるかという観点も重要です。

現在住宅ローンは低金利のため変動金利を選ぶ方が多く、フラット35を利用されている割合は1割程度と多くはないですが、危機対応を重視してフラット35を選ぶという考え方もあるのではないかと思いました。

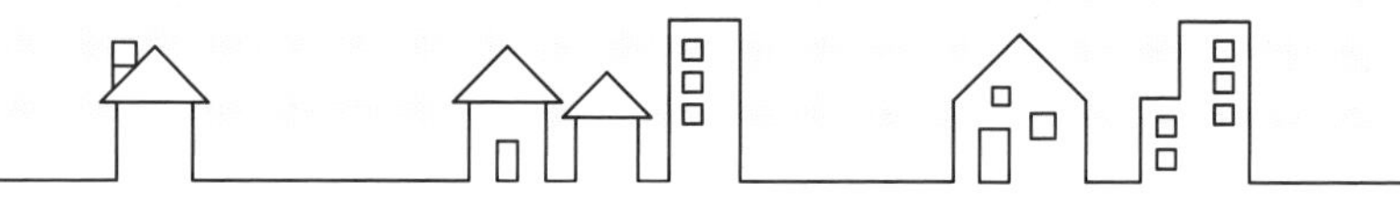

住宅取得のライフプランについて

Section 01

なぜライフプランを考えなければならないのか

ご自身の目指す人生のために住宅があるはずです。人生を楽しみながら無理なく住宅ローンを返済して行くために、まずは人生の見通しを立てて行くのが重要です。

人生には多くのお金がかかる

人生には多くのお金が必要で、その際たるものが住宅費です。無理をせず返済するためにも、必要な要件、必要なサイズを見極めることが大事です。

また、人生にかかる費用は住宅だけではありません、家族で旅行に行きたいとか、老後は世界一周をしたいとかさまざまな人生の目標があると思います。そういった部分についても、考えに入れておきましょう。

家計を計画的に考えていこう

人生全体を見ていったときに、さまざまなイベントがおきます。例えば大きいところでは、ご自身の退職だったり、子どもがいる人は子どもの受験であったりします。

そういったほぼ確実に起きる事に加えて、ご自身の人生でやっておきたい目標も達成しないといけません。これらを並行して、住宅ローンを払いつづける必要があるのです。

それぞれのイベントにいつ、いくら必要か長期の視点で、家計を考えておきましょう。

最後は出て行くもの

家というものは、「帰ってくる場所」というイメージが強いものですが、時間によって家庭の有り様も変わり、それに合わせて役割も変化していきます。そのような意味で、住んでいる人が「巣立つ（出て行く）場」と考えることもできます。自分自身が手放した後どのように継承されて行くのか、そこまでをイメージして住宅を考えていきましょう。

住宅ローン
住宅を買う、リフォームをするといった目的で金融機関から借りるお金。長期で借りる人が多い。

まずはライフイメージを固めていきましょう

家庭イメージ	必要な住居	支出･収入変動
独身 住宅にかけていいのは(MAX) 8000万 生涯収入:2億　生涯支出:1.2億	30平米／首都圏 2100万 1LDK／マンション	一定 ただし働くことができるのが自分のみなので、病気・けがなどで働けなくなる場合のリスクあり。
DINKS(子供なし夫婦) 住宅にかけていいのは(MAX) 15000万 生涯収入:3億　生涯支出:1.5億	50平米／首都圏 3500万 2LDK／マンション	一定 リスクは低く、変動要素としてはレジャー費や老後の贅沢などの度合いによる。
夫婦＋子供1人 住宅にかけていいのは(MAX) 5500万 収入2.2億(一人はパート)　支出:1.7億	全国平均 4000万 ただし子供が巣立った後は1LDK、2LDKで十分になる。 戸建て	変動 子供の教育費のピークになる14～22歳くらいのタイミングが一番支出がかさむ時期。
夫婦＋子供2人 住宅にかけていいのは(MAX) 3000万 収入2.2億(一人はパート)　支出:1.9億	全国平均 4000万 ただし子供が巣立った後は1LDK、2LDKで十分になる。 戸建て	大変動 14～22歳が教育費がかさむ時期なので、2人の子供が同時にこの時期に入っている期間がピーク。特に高校・大学の受験や入学が重なる時期が支出が大きいので蓄えておくことが大事。

注意 あくまで一例です。収入も人によって異なりますし、支出についても、年に1回は家族や夫婦で長期旅行にいきたいとか、良い車に乗りたいといったそれぞれのライフプランで変動します。いずれにせよ、この先どういう生活をしていきたいかのイメージをもって住宅購入を考えていくようにしましょう。

※独身の方の年収はおよそ800万の世帯を想定。DINKS世帯の年収は夫800万、妻500万。子供ありの家庭の夫婦の方の年収は夫800万、妻がパートで扶養に入り年80万というイメージで算出しています。

※住宅の取得費用はマンションは首都圏平均、戸建ては東京・名古屋・大阪の都市圏平均で記載しています。実際は居住地で大きく変わります。

まとめ

住宅ローンは10年、20年と長期に渡るもの。必要な住居の費用だけでなく、その他の人生のコストも含めてライフプランを考えていきましょう。

02 Section

「教育」「住宅」「老後」の資金は計画的に

大きな金額がかかる人生の支出として、住宅費、子供の教育費、老後のための資金というのが上げられます。額が大きいのでバランスをとってきちんと準備が必要です。

額が大きい人生の三大支出

「住宅」については、一戸あたり何千万円という額になり「人生最大の買い物」と言われます。家を購入しない場合でも、家賃という形で支払いますので、数千万という費用がかかります。

また、「教育費」については各家庭の子どもの進学先によりますが、こちらも四年制の大学までを卒業することを前提で考えると子どもひとりあたり千万単位の金額が必要になります。

最後の「老後資金」についても、「老後に必要なお金は2000万」という金融庁の報告が2019年度に話題になりました。計算してもやはりそれくらいはないと老後貧乏に陥る可能性があります。

三大支出いずれも千万単位となっており、この3つで生涯年収に対し大きな割合になります。

住宅の取得と同時に計画を

上記の三大支出で、特に結びつきの強いものが「住宅」と「教育」です。一般的に時期が重なるためです。この2つが重なってるときがあるために、後で割を食うのが3つ目の「老後資金」になります。行き当たりばったりで支出をしてしまい、いざ老後を迎えてみたらまったく貯蓄がないということもありえます。

「住宅」「教育」の支払いをしつつも、貯蓄ができる体制を整え、時間をかけながら「老後資金」を貯める計画を立てて、家庭内の資金繰りをしていく必要があります。

老後資金
かつては退職金で多くをまかなえていましたが、最近は退職金のない会社も増えており、自分で準備する必要があります。

三大支出は何千万単位

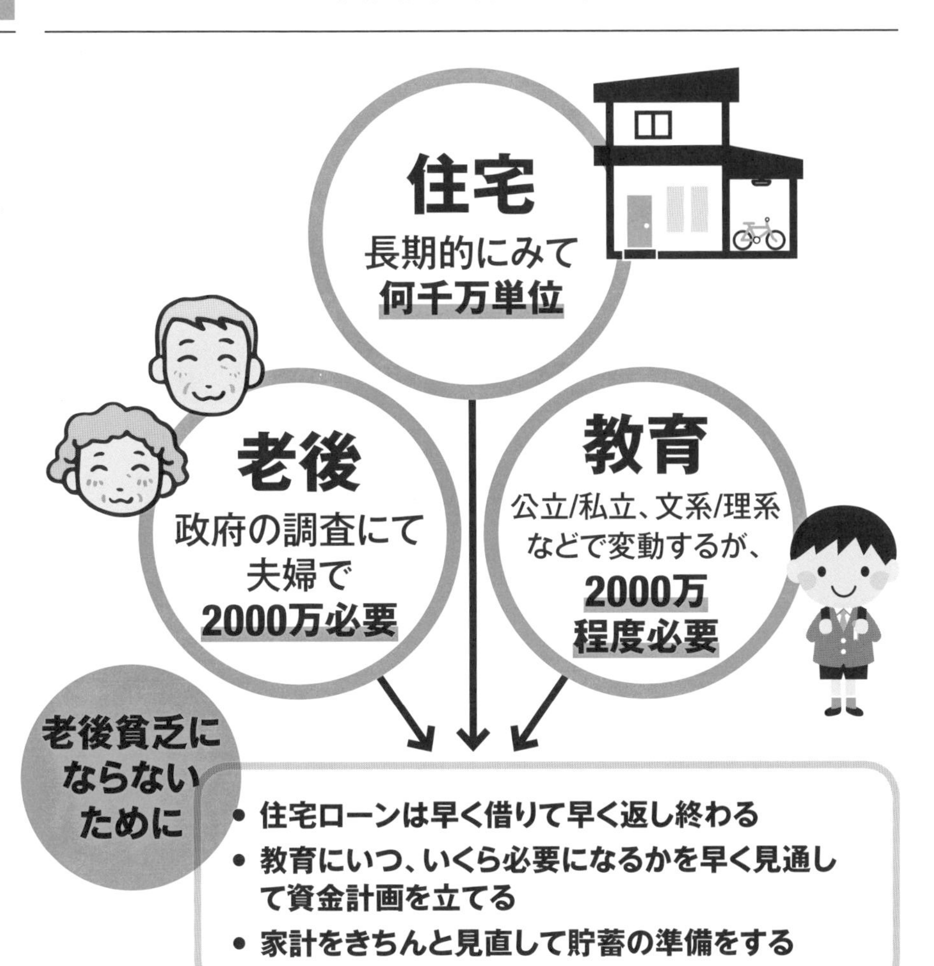

- 住宅ローンは早く借りて早く返し終わる
- 教育にいつ、いくら必要になるかを早く見通して資金計画を立てる
- 家計をきちんと見直して貯蓄の準備をする

まとめ

「教育」「住宅」「老後」の資金は人生の三大支出とも呼ばれています。それぞれがつぶしあわないよう、計画性を持った資金繰りをしましょう。

Section 03

教育費の見通し（子どもがいる方）

教育費はざっくり一人あたり800万から1500万程度は必要。想定する子どもの進路に応じてだいたいどれくらいの時期に毎月いくら必要になるか想定しておきましょう。

進路によって、毎月の費用負担は変動

高等教育の就学支援制度などがありますが、いったんは無いことにして考えてみましょう。左の図を見ていただくとわかるように、国公立と私立では費用に大きな差がでてくるのがわかります。また、すべて国公立でいけたとしても最低でも800万程度は必要です。

子どもが小さい場合は、現時点でなかなか進路をこれと決められないと思いますが、ある程度想定することで、いつどれくらいお金がかかるかが見えるようになります。もしまったく想像できない場合は、高校から私立で、大学は私立理系というくらいで想定しておくと、その他の進路にいっても対応しやすくなります（私立医歯薬は別）。

いつ、どれくらいの教育費が必要か想定しておく

左図で出てくる年間費用を12で割ると概ね月に必要な金額が出てくることになります。例えば子どもの年齢が今8歳くらいで私立高校を想定した場合、あと7年後に、教育費として月8万程度が必要だな、といった具合です。ただしこれはあくまで見通しです。単純な学費以外の校外学習費（塾や稽古事）も含めた平均値ですので、少し幅のある金額と考えてください。

また、教育費の一部はボーナスや別途教育費の積み立てで賄う場合もあると思いますので、実際、毎月の収入から8万がのしかかるわけではありません。現段階ではこの金額を把握し、住宅ローンでどこまで頭金を入れておくかや、いくらくらいまでのローンを組むのがよいかをざっくりイメージしておきましょう。

高等教育の就学支援制度も確認を

教育については国の支援制度があります。ただし誰もが支援対象になるわけではありません。ご自身が対象になるかどうか、文部科学省のHPなどでご確認ください。

一般的な教育費

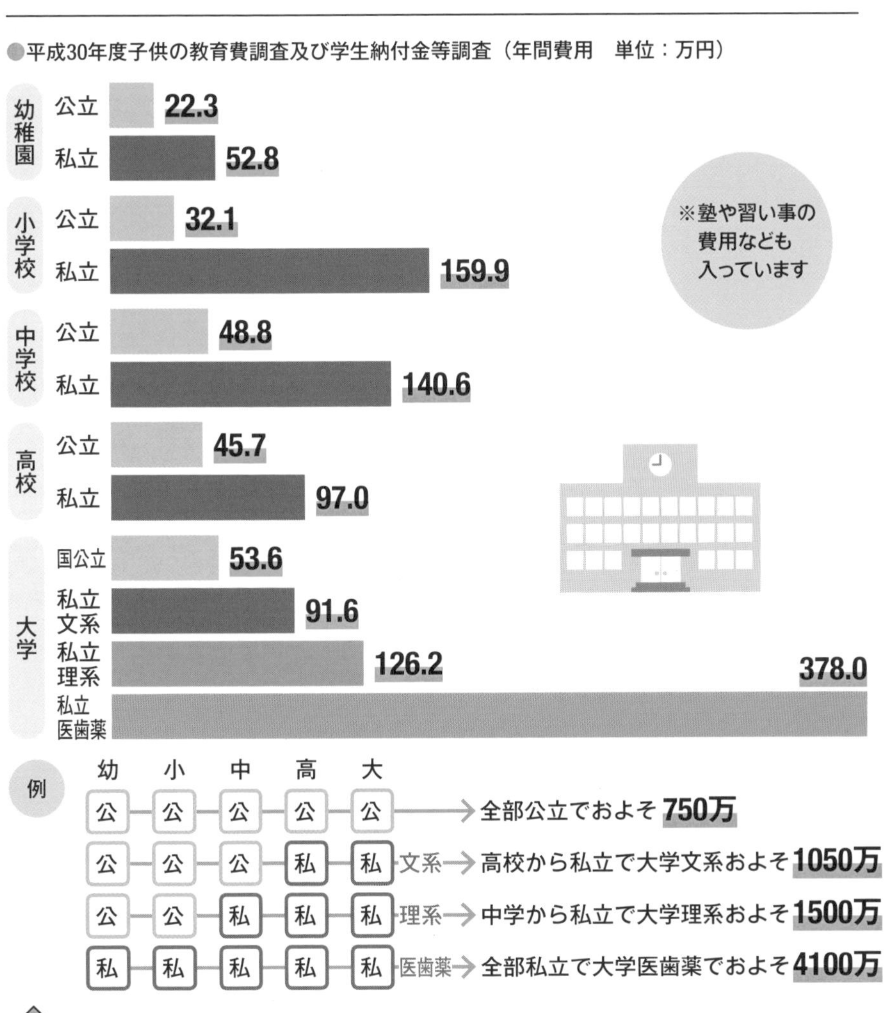

まとめ

多くの場合、住宅ローンの返済期間と教育費が必要な時期は重なります。必要な教育費をまず確保し、続いてどれくらいの住宅ローンを組むか考えましょう。

04 Section

老後はいつまで働けるか。老後の労働に期待しすぎない

ローンを長期化させ、80歳まで組むことで、その分同時に多く借り入れすることも可能であるが、老後どこまで働けるかは未知数。手堅く考えましょう。

老後にかかる費用と老後の労働による収入

高齢者というと、概ね定年を過ぎた65歳以上の年齢になりますが、この年齢帯の世帯支出としてはざっくり26万円程度が平均的にかかっております。「現在の高齢者」のため、住居費がかなり低いですが、持ち家で完済している比率が高いためと推定されます。皆様も同じような状況が作れるかどうかです。もし住宅ローンが残っていたり、老後も賃貸というイメージであれば、この26万円にもう少し必要になます。

そして、もう一方の収入ですが、定年を境に一般のサラリーマンや公務員等は、働き口が少なくなり、主たる所得が給与収入から年金へと変わります。この年金額も平均的に見ると、共働きで27万、夫厚生年金妻専業主婦世帯で22万となっています。

共働きでなければ支出平均26万円に届かないので65歳以上も働く必要が出てきますが、65歳以上の平均稼動所得としては、一人当たり年間55万円となっており、65歳以降に二人で働いても月10万に満たないくらいとなります。

定年までに住宅ローンは払い終えておく

ここまでお伝えした数値は、あくまで平均的な数値です。条件により変動します。

ただ、いずれにしても高齢時になってしまっては、退職金以外の手で大きな金額を返済するのは苦しくなります。オーソドックスですが、基本は「定年までに住宅ローンは払い終えておく」（＝借り入れは定年までに払い終えられる金額までにしておく）ということです。

定年
定年のない自営業者の場合は65歳以上でも働けますが、限界はあります。何歳まで現役かは考えておきましょう。

平均的な高齢者世帯の支出と収入

●高齢夫婦世帯の支出（平均）

項目	金額
食費	6万4444
住居	1万3656

※持ち家が多く、ローン支払いが済み家賃がかからない世帯が多いため

項目	金額
水道光熱費	1万9267
家具・家事用品	9405
被服	6497
保険医療	1万5512
交通・通信	2万7576
教育・娯楽	2万5092
その他（仕送り、交際費、雑費）	5万4028
税金・社会保険料	2万8240

合計
26万3717

- 平均的な年金額は夫サラリーマン＋専業主婦の場合、二人で22万程度
- 平成28年度の65歳以上の平均稼働所得は月平均4.6万

➡上記住居費が少ない状態でギリギリ！

**基本は定年（70※）までに
住宅ローンは払い終えておきたい！**

※サラリーマンの場合。定年のない自営業の場合は、75歳程度までは現役で働けると思われます。

まとめ

住宅ローンは一般的に80歳まで組むことができます。ただ、一生働き続けられるわけではない。まずは定年までに完済できる借り入れを考えましょう。

Section 05

「賃貸と同じ家賃で購入できる」の罠

賃貸と同じ家賃でこんなに素敵な家が手に入りますよ！　というような広告がありますが、すぐに引っ越せる賃貸とはまったく違います、違いを認識しておきましょう。

賃貸か持ち家か

賃貸、持ち家購入のそれぞれのメリット、デメリットを左の図に記入しています。購入の場合の重要なポイントは破綻リスクを極力低くすることです。例えば左の図の例でしたら、3LDKにグレードアップせず、現在の賃貸と同じ2LDKのものを購入すれば、逆に居住費は現在の家賃より下げることができます（この例の場合であれば30年ローンで月々の返済額が6～7万くらいは下がると思います）。また、逆に一時のリスクは受け入れて頭金も入れ、15年のローンで購入するといったやり方もあります。

「賃貸か持ち家か」ということについては、いろいろな観点で議論はありますが、持ち家購入のアドバンテージは高いと考えられます。

30年間同じ家賃を払い続けられるか

広告で「今のお家賃で新築のマンションが購入できます」というようなものがあると思います。「今の家賃でローンを組んだほうが、お得だよね」というような気持ちになってしまいますが、ここは注意していただきたいところです。

なぜなら、ひとたび家を購入してしまうと、返済額を変えることが許されないためです。図を見ていただければわかるように、購入した場合のほうがグレードが高いですが、これはローンの期間ずっと同じ金額を支払うことができる前提になります。販売会社の売り文句をそのまま鵜呑み（うの）にせず、ライフプランに沿って、住宅の「予算」をしっかり決めた上、それを守るようにしましょう。

賃貸と購入、そのメリットデメリット

現在賃貸
2LDK／55㎡
マンション

毎月23万円
（管理費込み）

購入すると
3LDK／68㎡
新築

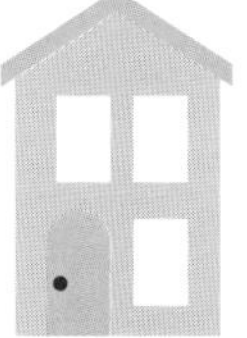

6500万円
30年ローンで毎月21.5万円＋
共益費等で1.5万＝**23万円**

賃貸のメリットデメリット

メリット
いざ収入が下がったなどがあれば、引っ越して簡単に1LDKにグレードダウンできる

デメリット
何も残らない

持ち家のメリットデメリット

メリット
賃貸より良い設備で暮らせる
完済すれば最後は資産として残る

デメリット
いざというときに支払いを引き下げたりするのが難しく、逃げ場がない

まとめ

住宅販売業者の煽（あお）り文句に踊らされず、ご自身のライフプランに合った無理なく返済できる予算の住宅を見極め、購入しましょう。

Section 06

「資産性のある」方をなるべく選ぶ

購入する物件の資産性も重要です。いざというときに売ることができればそれだけリスクを減らすことができます。他者もほしいと思う物件か考えてみてください。

資産（経済）価値を考えてみる

資産性があるということは、平たく言ってしまえば、他の人も「欲しい」と思ってもらえるかどうかになります。例えば左の図のように、「自分の家なんだから自分の思い通りに」と完全に趣味の注文住宅を建てたとします。この場合、建てた人以外の人もそこに価値を感じられるでしょうか。むしろ、多くの場合、生活に邪魔になることのほうが多いのではないでしょうか。

「欲しい」人が多ければ多いほど資産（経済）価値は高まるので、多くの人（他者）にとって使いやすいものを選んでいくという姿勢も重要になってきます。

また、一般的に不動産は土地と家屋で成り立ちますが、家屋は古くなるにつれてどんどん価値のないものとされていってしまうのが今の世の中です。立地条件を見極め、土地の資産（経済）価値がどれだけあるか判断し、より価値のあるほうを選ぶほうが賢明です。

売る以外に貸すということもある

上記では主に「値下がりしない」というイメージで説明しましたが、「貸す」という可能性も想定し、賃貸相場も見ておくことをおすすめします。家賃収入がローン返済額より上であれば、一時的な転勤などがあってもその期間売らずに貸しておくことができることがわかります。

売るとき同様、貸すためにも他者にとって使いやすいものにしておくことは重要です。また、より高く賃貸に出すことができるようであれば、資産（経済）価値は高いと考えることができます。

資産性のある物件を選ぼう

こだわりのわがままハウス

車が好きだから
車は3台とめられて、
キッチンで料理しながら
自分の車が見られる
ようにしました。

資産・財産……

お金や土地、家屋、家具、商品など、経済価値がある物の総体

誰かほかの人も「欲しい！」ということ！

例

売れる物件	売れない物件
• 駅から近い • 病院から近い • 日当たりや環境が良い 等	• 生活に不便 • 災害が起きやすい • デザインが個性的すぎる 等

まとめ

家はいつかは出ていくもの。自分だけではなく、他の人にとっても使いやすく、欲しいと思うようなものを選びましょう。

Section 07

住宅費にかけていいのは月々いくらまでか

借り入れ額が適正かを判断する目安として返済負担率があります。25％が目安になりますが、実際に計算して、ある程度の予算感を持っておきましょう。

返済負担率から見る上限値

返済負担率は収入に対する住宅ローンの年間返済額の割合を示したものです。このため、基本的には返済負担率は低いほど良く、一般的に25％が基準といわれています。ただし、これはあくまで目安のひとつであり、25％だから安心だとか、25％を超えたら絶対にいけないというわけではありません。左ページの上のように年収（税込）に25％をかけていただき、12ヶ月で割れば月々の支払いの大まかな上限が見えてきます。

既に購入する物件をある程度決めている人はその物件の返済負担率が25％以内におさまってるかを算出してみてください。計算方法としては、その物件の毎月返済の目安額に12（ヶ月）をかけて、年収（税込）で割るだけです。

収支の観点からも計算して、総合的に判断しよう

さらに精査をするために、直近の収入と支出の状況という観点からも算出してみましょう。左ページの中の囲みをご覧ください。ちょっと返済負担率より複雑ですが、現状の生活から見る毎月の返済上限金がわかります。現在の住宅費（駐車場代や更新費用など住宅関連費用をすべて込んだもの）に今毎月自由になる金額（貯金や小遣いを含む）にボーナス（年間入ってくる臨時収入）を足して、そこから購入後に想定される税金等及び将来に向けた必要な貯金を引いて計算します。

返済負担率とずれのある数値が出てくると思いますが、この収支で見た上限金額と返済負担率で計算した金額と合わせてみて、最終的にどれくらいの住宅費がご自身にとって妥当か考えてみてください。

返済負担率

$$\frac{\text{住宅ローンの年間の返済額}}{\text{年収}}$$ で計算します。

かけていい住宅費を算出してみましょう！

目安
返済負担率 25%

例
毎月返済の上限金
年収 650 万円 × 25% ÷ 12か月
＝13.5 万円

ただし上記はあくまで目安なので以下のように収支ベースでも考えておく

A 現在の賃料＋毎月自由に使えるお金 ×12

+B ボーナス等月収以外収入

−C (A+B)×15%

※購入した場合は税金や保険、修繕費の積み立てなどがかかるため。
※実際は購入した不動産によって金額が変わりますが、仮に収入から算出しています。

−D ライフプランから考える毎月の積み立て金 ×12

※小遣いが必要な方はここに含めてください

=E （年間の返済目安額）

E ÷ 12か月 ＝ 毎月の返済上限金

例：年収650万、手取り36万、ボーナス72万、自由に使えるお金月5万、現在家賃11.5万のアパートに妻と幼児１人で住んでいる場合。
A：(11.5＋5) ×12＝192万　B：72万　C：(192＋72) ×15％＝39.6万
D：学資保険、老後への積み立て、夫婦の小遣い　合計月7万×12＝84万
E：192＋72−39.6−84＝140.4　140.4÷12＝11.7（これが収支から見た毎月の返済上限額）

まとめ

上記計算の＜Ｅ＞の金額が実際の収支からみた、ギリギリ住宅費として使っていい金額です。自分にとって妥当な借入額を算出してみましょう。

Section 08

家に必要な条件をまとめよう

物件検討の際、色々と迷うと思われます。大事なことは、どういう物件が欲しいか、自分たちの生活に合っているかです。譲れないポイントを明確にしておきましょう。

絶対条件とあきらめてもいいポイントを明確にしておく

住宅を購入しようと思ったきっかけは何だったでしょうか、そして絶対外せない条件は何でしょうか、まずそのあたりを明確にしておく必要があります。

左ページに一般的な住宅で重視されるポイントをリストにしておきました（巻末にも付録がついています）。ここの右側に条件と許容範囲を記入して、優先順位をつけてください。その他のところにご自身で考えられる特別なこだわりポイントがあったら記入してください。また、どうしても譲れないところについては、優先順位と共に☆マークをつけていただきたいのですが、この☆をつけるのは3つまでとしてください。譲れない点が多すぎると「物件がない」ということも出てきてしまいます。

ご家族の方とも話し合って決めるようにしましょう。

どこは死守し、どこは妥協するかを考える

基本的にいったん決めた予算は守りきる前提で考えてください。物件を探すにあたって、物件価格が想定より高い場合もあると思います。そのようなときに、捨ててもいいところ（☆マークのついてないところ）で優先順位の低いところはばっさりあきらめて探していってください。例えばエリアがどうしても東京23区内で、予算が会わないようで、このエリアが一番のこだわりポイントだとしたら、そこは譲らずその分中古の築古物件も許容するといった感じです。

これらをやってもどうしても予算におさまらない場合、こだわりポイントをすこしずつ緩和（かんわ）をするなどをして、調整してください。

予算
セクション7までで大まかな予算上限が出たと思います。物件を見に行く際、常にこの予算は守る意識を持ちましょう。

必要な家の条件のチェックリスト

優先順位	ポイント	条件・許容範囲
	築年数（新築か何年の中古か）	
	耐震性や構造	
	設備	
	間取り・部屋数	
	敷地面積	
	日当たりや向き	
	エリア	
	駅や主要道路への所要時間	
	交通手段	
	勤務地や学校への距離	
	周辺施設の利便性	
	学区	
	治安	
	景観	
	駐車場の有無・台数・広さ	
	その他	

優先順位を決めよう

巻末付録（P217）に
ワークシートがあります

まとめ

物件と予算が合わないということは多々あります。条件を整理し、優先順位をつけておくことで、調整しやすくなります。書いてみましょう。

Section 09 いつ貯めて、いつ返すかざっくり考えてみよう

どういう物件をいくらのローンで買うか、おおよその教育資金、貯蓄額のイメージができてきたと思います。これをもとにだいたいのライフプランを作成してみましょう。

ライフプランを見て、車の買い替えはこの時期は我慢するとか、少し調整しながらできるとベストです。

貯められる時期には繰り上げ返済も視野に入れておく

繰上げ返済については後述しますが、たまってきた分を一部先に返済に回すと後が楽になります。お子様がいる家庭の場合、一般的には「子供が生まれる前」「子供が小学生以前」「子供が社会人」の時期が、お金を貯めやすい期間と言われており、この時期にしっかり貯め、繰り上げ返済をしておくと後々楽になります。ライフプランを書いていただくと、具体的にいつが貯めやすいかはっきりしてきます。

書いてみよう！　ライフプラン

巻末P211ライフプランシートに、左の図にあるように必要な情報と、今後予測されるライフプランを書いてください。その中で今回の住宅購入がどのような時期になるかを考えていただきたいと思います。ポイントはBのライフイベントです。ご自身にとっては、転勤や定年退職や今回のような住宅購入、子どもにとっては受験や進学といったことが含まれてくると思います。それに伴い、塾や入学金といった費用がかかってきますので、その金額をCの欄に記入します。また、ライフイベントには今お伝えした必ず起きると思われることに加え、「海外旅行に行く」や「車の買い替えをする」といったことも必要に応じて入れるようにしてください。

貯まりづらい時期

お子様がいる家庭の場合、一般的には教育費がかさむ時期が貯めずらいと言われており、多くはお子様が中学生・高校生・大学生の時期となります。

書いてみよう！　ライフプラン（巻末付録P211）

家族の名前を入れる

現在の年（西暦）とその時点の年齢を入れる

		年	+1年	+2年	+3年	
A	家族1（自分自身）たか	35 歳	36 歳	歳	歳	…
	家族2　ゆう	33 歳	34 歳	歳	歳	
	家族3　あい	9 歳	10 歳	歳	歳	
	家族4　名前	歳	歳	歳	歳	
	家族5　名前	歳	歳			
B	予定やライフイベント		あい入塾			
C	必要な金額	0	40			
D	その年の貯金	100	60			
E	貯蓄残高	600	660			

起きると思われるイベントを入れる

上に合わせて必要な費用（金額）を入れる

手残りしている貯金を予測して記入する

それまでの貯蓄にその年の貯金Dを足したもの

※Dの額は毎年の年収から生活費などを差し引いて、その年どれくらい手残りするかを算出してください。Eは最終的な残高ですので、前年のE＋その年のDの額になります。

まとめ

ライフプランを書くことで、いつどれくらいお金が必要かはっきりします。家計をどのようにしていくか長期的戦略を持っておきましょう。

Column

家の資産性の調べ方

チャプターの途中で、「資産性のある物件を選択しよう」ということをお伝えさせていただきました。具体的にどうすればいいのか、ということですが、ぜひ、SUUMO、アットホームなどのポータルサイトで調べることをしていただければと思います。

不動産の今後の資産性というのは、なかなか予測が難しいものです。特に住宅ローンを使って購入する場合、売却するタイミングというのは数十年後になります。社会情勢なども変わりますので、正確な予測は不可能と言っていいでしょう。

ただし、「社会が今のまま順当な場合」の資産価値はみることができます。ポータルサイトには数多くの物件が掲載されておりますので、購入を検討している物件の近隣の中古物件の価格を見ていくとざっくりとした売却価格がわかるわけです。

ただ、このとき気を付けていただきたいのが探し方です。ざっと購入したい駅近辺の物件の価格を見るだけでは不十分です。調べるときは、駅からの距離や、間取りや土地の広さもきちんと自分の購入物件に近い数値を入れたうえで調べないと意味がなくなってしまいます。さらに、ここで一番大事なのは、検索の際、「築年数が古い物」を選択することです。今新築で住宅を買おうと思って30年のローンを払おうと思っている人は、築30年の中古物件がいくらで売られているか、その相場を見る必要があるためです。30年後ほぼ値段がつかない不動産なのか、30年たっても購入価格の半分の価格でなら売ることができる不動産なのか、そのあたりの見極めができれば、納得度の高い購入判断ができるはずです。

ポータルサイトでなかなか見つからないよ、という場合もあるかと思いますが、その場合は駅からの距離を拡大するとか、広さを少し狭くしてみるとか、築年数を浅くするとか条件を緩くして、できるだけ近しいものでいいので調べましょう。それでも難しい場合、土地総合情報システムというサイトで近隣の土地の成約事例がないか見てみてください。

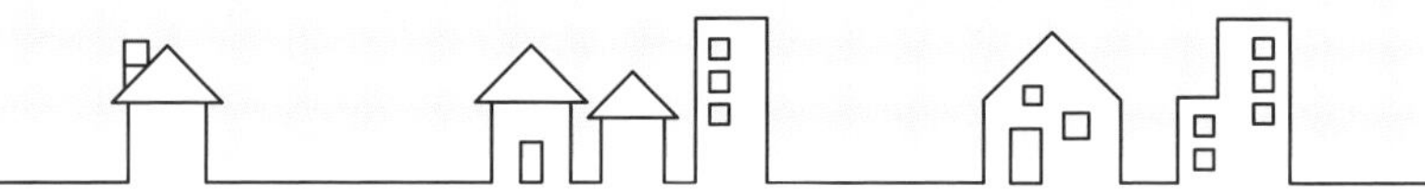

住宅の取得について

Section 01

住宅を買う場合の総額感

3000万円の住宅を購入する場合、3000万円あればそれだけで済むかというとそうではありません。それに加えて諸経費などがかかるので総額を確認しないといけません。

諸費用がかかる。しかも現金で

欲しい物件があったとして、その価格だけで物件が手に入るわけではありません。どうしても諸費用がかかります。建売か注文住宅かなどでもろもろ変わりますが、3000万円の物件を買いたいと思いましたら、総額では3500万くらい払うつもりでいたほうが良いでしょう。

また、重要なのがこの諸費用については、現金で必要ということです。ローンを通す前に支払う必要があったり、ローンと別物として支払う必要があったりするものだからです。

購入する住宅のタイプによって、諸費用のかかり方も変わります。左の図に各タイプにかかる諸費用の目安を書いております。参考にしてください。

現金がない場合

諸費用分の現金がない場合は買い方を検討する必要があります。例えば両親から借りるといった具合です。この場合、親からとはいえ、借り入れが増えるということになりますので、この場合は購入物件の予算を諸費用分削ることも検討したほうがいいと思われます（例えば3000万の物件ではなく1割引いた2700万の物件をターゲットにして、親から300万借り入れ。総借入額は3000万で抑えるなど）。

また、その他の手としては銀行にそのまま諸費用分まで借りられるか（オーバーローン）相談をするのもひとつの手段です。銀行があなたの信用を認めてくれれば、オーバーローンを受け入れてくれる場合もあります。ただその分の金利が高いこともあるのでご注意ください。

現金がない場合
借りる以外にも、値切る、親から生前贈与を受ける、といった手があります。

物件タイプごとの諸費用めやす

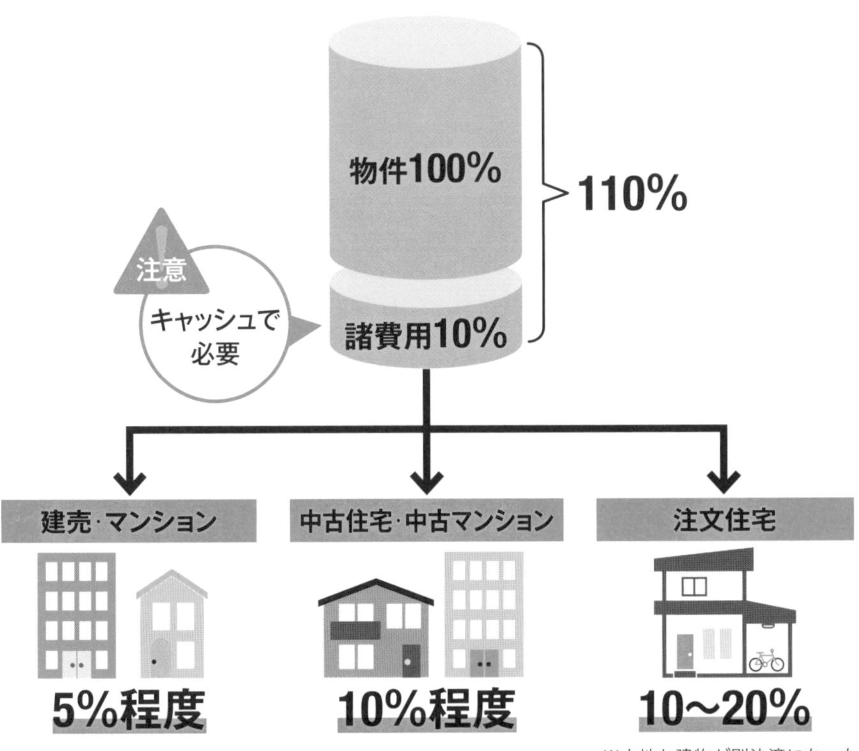

※土地と建物が別決済になったり、設計費用が掛かるなどで変動が大きい

現在キャッシュがない場合は、値切ることや物件予算を削ることなどを行いつつ、別途どこかで借りるなど資金調達が必要

まとめ

住宅の販売価格のほかに諸費用が現金で必要。予算を考える際には諸費用も含めた総額で考えるようにしましょう。

Section 02

諸費用やその他の費用についてどういったものがあるか

前の項目で、諸費用はキャッシュで必要ということを説明しました。どういった内容かざっと知り、ものによっては自分で手続きすることで費用を下げる検討をしてください。

諸費用やその他費用の中身

左の図に一部メジャーな諸費用を記載しました。前の項目で述べたように、購入する住宅のタイプによって変動しますし、また不動産会社や金融機関によって個別の費用がかかる場合があります。

諸費用やその他の費用についてはどういった明細があるか見積り段階から事前に確認するようにしてください。

また、購入時にかかるものもあれば、入居した後にやってくる費用などもあります。現金を残しておくことは重要になります。

後述しますが頭金を全部いれてしまって、後でこうした費用が払えないということがないようにしてください。

自分でやることで削減できるものもある

見積り段階から明細を確認して欲しいということをお伝えしましたが、この理由のひとつとして、自分でやればなんとかなるものや、安くできるもの、またやめるという判断ができるものがあるからです。例えば火災保険や地震保険など、自分で探して一番安いものを探すことで節約できます。また、注文住宅の場合の地鎮祭といったものも考え方によりますが「やめる」という判断をすることもできます。

もちろん、税金や登記費用といったどうにも節約できないものが多いです。ただ、キャッシュが足りない場合は、少しでも「自分でなんとかできる」ものがないかを見つけるようにしてみてください。

諸費用やその他費用の例

取得費用

- 印紙税
- 登録免許税
- 登記手数料
- 仲介手数料　等

注文住宅の場合、建築関連費用

- 設計費
- 検査費
- 地鎮祭費　等

ローン手続き費用

- 印紙税
- 融資手数料
- 保証料
- 火災保険料
- 地震保険料
- 団体信用生命保険料　等

その他費用

- 引っ越し費用
- 粗大ごみ処分費
- 家具費用
- 修繕積立一時金　等

※物件タイプによって、諸費用やその他の費用は変わります（物件タイプについては前のページを参照ください）

まとめ

諸費用やその他費用は様々なタイプがあり、支払うタイミングも違う。常に現金は準備しておきましょう。また、削減できるところは削減を。

Section 03

住宅購入までの大まかな流れ

購入する物件によって入居までの期間と手続きが変わってきます。もし転居についての予定が決まっている場合は逆算して期間を考えるようにしてください。

何かを「選ぶ」タイミングでは人任せにしないこと

流れを見ていただいてわかるように、いったん契約を結んだ後は、ある程度自動的に進んでくるものです。ただ、各段階で自分で選択をしないといけないことがあります。例えば、建売や新築マンションといったところではローンをどこの金融機関に頼むかということは最終的に自分で決断しなければならないですし、リフォームはリフォーム会社を、注文住宅は工務店を自分で選択していかないといけません。

それぞれ最初にコンタクトをした不動産会社に「おまかせで」というやり方もありますが、あとで「もっと安くできた」と後悔しないように、事前に調べておくということをするようにしてください。

すぐ引っ越せるわけではない

大体の期間とイベントを左の図にまとめています。ただし、これは物件が1か月で見つかるといったように、すべてのことが順調にいったことが前提の「かなり早い」動きだと思って見てください。実際は、誰かに先に買われたなどがあると、さらに時間がかかりますし、注文住宅でも建築会社の施工開始が遅れるといったことも現実にはありえます。

万が一、転勤や子どもの学校進学に合わせて住宅を購入するのであれば、この期間から逆算して考えておくことと、それぞれ必要なイベントですぐに必要な手続きがとれるように準備を進めておくことが必要です。

住宅ローン審査には時間がかかる
事前審査、本審査とそれぞれ段階があるので、ある程度の日数はかかります。

タイプ別、入居までの流れ

	4か月 建売	7か月 リフォームが必要な中古住宅※	9·10か月～ 注文住宅※
1か月目	• 物件探し	• 物件探し • リフォームの見積り出し	• 土地探し • 建築会社に見積·設計依頼
2か月目	• 買い付け、ローン事前審査に出す • 承認を受けたら契約 • 本審査に出す	• リフォーム会社と予算を決定し買い付け • ローン事前審査を出す • 承認を受けたら契約 • 本審査に出す	• 建築会社と予算と設計内容を決めて土地の買い付け • ローン事前審査を出す
3か月目	• ローン契約 • 物件決済 • 所有権移転登記	• 本審査OKと同時に現況検査申請	• 事前審査の承認を受けたら契約 • 本審査に出す
4か月目	• 鍵を受け取り引っ越し	• つなぎ融資契約 • 物件決済 • 所有権移転登記 • 鍵を受け取りリフォーム開始	• 本審査OK後、つなぎ融資契約（土地分） • 土地決済 • 所有権移転登記 • 地盤調査
5か月目		• リフォーム	• 建築工事請負契約 • 建築確認申請 • 着工つなぎ融資契約（建物分） • 地鎮祭 • 着工金決済
6か月目		• リフォーム完了後適合検査依頼 • 適合検査終了後本ローン契約	• 建築中
7か月目		• 本ローンにて決済 • 引っ越し	• 中間金つなぎ融資契約 • 中間金決済
8か月目		※フラット35のリフォーム一体型を利用する場合のスケジュールイメージです。	• 表題登記 • 建築の検査依頼 • 検査済証取得 • 適合検査依頼 • 適合検査終了後本ローン契約
9か月目			• 物件決済 • 所有権保存登記 • 引っ越し

※フラット35を利用する場合のスケジュールイメージです。建築期間を短く2か月程度にしておりますが、実際は建築内容によって変わります。長い場合は6ヶ月かかることもあります。

まとめ

住宅ローンを使って購入する以上、すぐ入居というわけにはいかない。スケジュールには余裕を持っておきましょう。

Section 04

保有資産と負債をまとめよう

まず現状を把握する目的で、保有資産と負債をきちんとまとめてみましょう。いずれ住宅ローンの審査の際、銀行や金融機関にまとめて報告することになります。

まずはすべて洗い出してみる

左のページにある項目を参考にして、「現在この家庭にはどれくらいお金があるのか」を見える化しましょう。家族全員分です。

これを行うのは、「家計の状況をきちんと把握する」ということと、それに伴い「住宅の頭金をどれくらい入れて、どれくらい現金を手残りさせるか」の判断に使うということ、そして、「銀行や金融機関に報告するために使う資料」になります。

基本的に銀行は返済能力を中心にみるので、年収と表の中の預貯金が主に見られる項目になりますが、年収に対してあまりに預貯金がないと怪しまれることもあります。預金が少ない方はいざというとき説明できるようにしておきましょう。

また、負債についても、銀行や金融機関で必ず確認されるので、ここも整理しておきましょう。

小さな負債は早めに完済

よくカードローンがあると住宅ローンは組めないのではないかという話があります。これは結論から言うと、カードローンと住宅ローンを合わせて返済比率が高くなければ借りることはできます（多重債務は別。考え方は各金融機関次第）。ただし、カードローン分、住宅ローンの融資額が下がりますので、額が大きくないのならば、現在お持ちのお金を使って完済しておくことをおすすめします。

カードローンを例に出しましたが、ほとんどの債務は金融機関から丸見えなので早めに対処しておきましょう。

現金化しやすい資産、しにくい資産
株式、債券、投資信託といった有価証券は現金化しやすく、不動産は現金化しにくい資産といわれています。

資産と負債をまとめておく

資産

預貯金	・外貨も含めてまとめておく ・また、銀行ごとに整理する
投資信託・株式	・時価評価額（今売ったらいくらになるか）を調べておく
債権	・元本保証されているものは元本 ・それでなければ時価評価額を調べておく
不動産	・取得金額をまとめておく ・わからなければ近隣の同条件の物件の販売価格を調べておく（だいたいでOK）

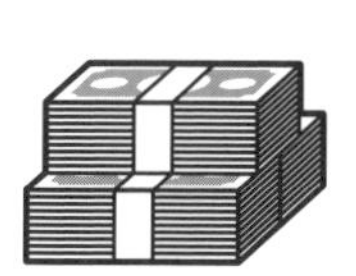

負債

- 住宅ローン
- 目的ローン（車や教育等）
- フリーローン
- その他

→ 当初借入額、借入残高、残金、残期間

P214の巻末付録を使ってみましょう

まとめ

銀行に現在の資産を説明したり、頭金にいくら使うかを明確にするために、資産と負債をまとめよう。なお、少額の負債は先に片づけておくこと。

Section 05

頭金はどれくらい必要？ なくても大丈夫？

かつては頭金は2割必要といわれていた時代がありました。しかし現代では無理して頭金を入れずに購入も可能です。貯まるまで待つ必要もありません。

頭金を入れる意味

かつて頭金2割は必要といわれていたのは、ひと昔前、住宅金融公庫の住宅ローン融資額が「購入費用の80%までご利用いただけます」と規定されていたためです。現在は100%融資する機関も増え、頭金0でも住宅が購入できるようになりました。この状況で、頭金を入れる意味というのはおよそ2つあると思われます。

①売却できなくなるリスクをなくすため

左図上にありますように、何かあって売却しなければならない場合でも、ローンの残り（残債）より売却額が安い状況では、その差額分なんとかお金を集めないと売ることができません。このリスクを避けるために頭金を入れるという考え方です。

②利息分の支払いを減らすため

左図下にありますように、同じ4000万の物件を購入する場合でも最初に500万入れたかどうかで、35年後までに支払う総額はおよそ120万（利息分）変わってきます。無駄な利息を減らすために早めにお金を入れるという考え方です。

頭金を作るために待つ必要まではない

ここまで見てきたように、リスクや無駄を減らすための頭金投入です。「頭金がないから貯まるまで待って購入する」とまでは考えなくてもいいと思います。ライフプランの項目でご説明したとおり、住宅ローンは早めに始めて定年前に完済するが鉄則です。貯まるのを待つより早めに買ってしまい、完済を早めるほうが無駄なコストがかからないと言えます。

頭金は現金で

当たり前ですが、頭金を入れる場合、現金で用意します。このため、手元の資金は減ります。

頭金を入れる2つの理由

❶売却できないリスクをなくすため

残債 > 売却額

これだと売ることができない。
残債を下げるために頭金を入れる

❷金利で無駄な支払いをしないですますため

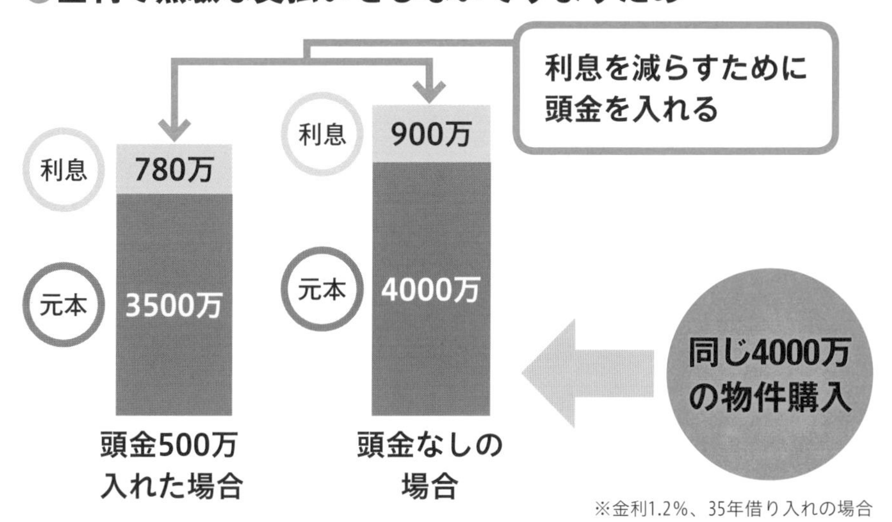

※金利1.2%、35年借り入れの場合

まとめ

頭金なしで不動産を購入することは可能。「頭金がないから貯まるまで待つ」ことはしなくてもOKです。

06 Section

手元に残しておくべき金額について

頭金は入れるに越したことはないですが、何よりまず手元資金の必須額を確保しておかなければなりません。まず手元に必要な大体の金額を把握するようにしましょう。

この一年で必要なお金を、リスク込みで考える

左の表の「必須」の項目については、基本的に手元に残しておかないといけないものです。まず当面生活費ですが、万が一収入が途絶えた場合に最低半年くらいはなんとかなるお金になります。また、住宅ローンに含まれにくい保険については、自分で予算を確保し支払う必要があります。住宅を購入するわけですから、引越し費用といったものはかかってくるでしょう。さらにしばらくした後、税金もかかってきます。これに加えて、ライフプラン上、予定されるこの先1年間のイベント費用を確保すべきです。

具体的な金額は、物件の固定資産税の評価やローン内容によって変わってきますが、概ね200～300万程度は手元に残しておかないといけないでしょう。

必須以外の貯金は頭金にまわしても構わないが…

必須以外の貯金をすべて頭金にまわしてしまうという手もありますが、普段の生活できちんと毎月積み立てられる家計設計をする必要があります。逆に教育資金など、この数年で使う予定が見えているようでしたら、この部分は頭金にまわしてはいけないということになります。

住宅ローンの金利はその他のローンと比べて低いものです。住宅ローンの頭金にお金を使ってしまったので、もっと金利の高い教育ローンを借りるというようなことが無いよう気をつけてください。

また、教育費や老後資金に対し、期間に余裕があるのであれば、貯金をせずに、有価証券やその他不動産で持っていても問題ありません。

有価証券
株式、債券、投資信託といった現金化しやすいもの。

手元に残しておくべきお金

必須

当面生活費

サラリーマン・公務員
4か月分
※サラリーマンは自己退職で失業保険がでるのが4か月後のため

自営業
6か月分

例 **120万**

保険

- 火災保険（10年間）
- 団体信用生命保険
（ローンと別途に費用負担がある場合のみ）　など

当該期間分

例 **30万**

住宅購入に伴うその他費用

- 引っ越し費用
- 家具・家電費用　など

1年分

例 **150万**

税金

- 固定資産税・都市計画税
- 不動産取得税　など

1年分

例 **30万**

その他1年間にかかる一時費用

- 子どもの進学費用やご家族の介護の費用などがあれば

1年分

例 **20万**

本来貯蓄されているべきもの

- 教育費（つみたて）
- 老後資金（つみたて）

→ 年齢やライフプランによる

※ここについてはキャッシュでなくて、株式や保険といったものでも問題ない

まとめ

頭金を入れるとした場合でも、何かあった場合の手元資金は残しておく。いくら残しておくべきか算出しておこう。

Section 07

入居後、定期的にかかる費用について

入居後に購入費用とはまったく別にかかる費用があります。毎月・毎年かかるもの、10年後など様々ですが、ランニングコストがどれくらい必要か認識しておきましょう。

住宅ローンの返済額には余裕を持たせておく

左の図のようなコストが、定期的にかかってくることを理解した上で、これらの費用が生活を圧迫しないよう、余裕を持ったローンの組み方をしていくことが大切です。例えばがんばれば20年で返せる場合であっても、多少の利息の上昇は受け入れ、35年で借り入れ、毎月の返済額は抑えるといった具合です。この場合、何事もなければ後述する繰り上げ返済をしていけば良いので、そこまで大きなコストアップにはならないですみます。

また、戸建ての修繕は、大きな金額が突然出ることになるので、マンションと同様、普段からメンテナンスや修繕に向けた積み立てを行っていきたいものです。

賃貸と変わる点

賃貸住まいの場合は、建物や土地にかかる税金や設備のメンテナンス費用は不要で賃料のみ支払いですみます。しかし、持ち家となれば、税金などの費用はすべて自分自身で負担せざるを得ません。毎年発生するもの、長期スパンで発生するものなどそれぞれあり、戸建てかマンションでも違います。

戸建てでは、賃貸時代より広さ及び部屋数が増えたりがあるので、光熱費が増えるケースも多くなります。また、マンションのように修繕の積み立てがないため、一定の時期に大きな出費がでてきます。

また、マンションは、戸建て同様、固定資産税や各種保険金がありますが、一般的に戸建てより固定資産税が高くなります。また、修繕積立金が数年毎に増額される場合が多いことを忘れないでおきましょう。

固定資産税
毎年、土地建物の評価額に対して課税される市町村税。

入居後、定期的にかかる費用

戸建て

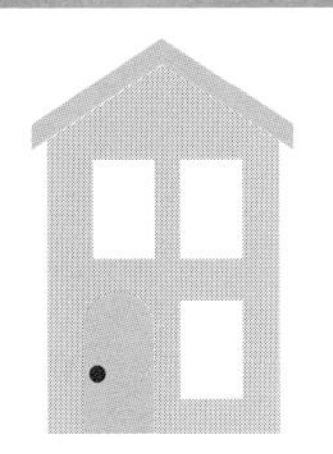

マンション

毎年・毎月発生

戸建て
- 固定資産税・都市計画税
- 火災・地震保険
- 団体信用生命保険（ローンとは別に費用負担がある場合）
- 光熱費等増加分（ケースによる）
- 町内会費

マンション
- 固定資産税・都市計画税
- 火災・地震保険
- 団体信用生命保険（ローンとは別に費用負担がある場合）
- 管理費・共益費
- 修繕積立金

長期スパンで発生

戸建て
- 外壁や屋根のメンテナンス（10年ごと）
- 設備機器のメンテナンス・交換費用（20〜30年ごと）

マンション
- 共用設備の機器のメンテナンス交換費用（都度）
- 専有部分の修繕費（20〜30年後）

まとめ

住宅ローンの返済額とは別に、税金や修繕の費用がかかります。資金には余裕を持っておきましょう。

Section 08

月10万円の予算で買えるのはおよそ2800万円の物件

では現在の予算の中でどういった販売額の物件が取得できるか見ていきましょう。その際、世の中にあるローンシミュレーターを使うと便利です。実際やってみましょう。

毎月10万、頭金なしだと購入できるものは2800万円

例えばマンションを探しているとしましょう。家計からみる毎月の住宅費にあてられる予算が12・5万円。マンションの管理費、修繕積み立て費が合わせて2万円かかるとき、毎月の住宅ローンの支払いに当てられるのは大体12・5－2－0・5（固定資産税などの税金分）＝10万くらいという感じになろうかと思います（あくまで一例です）。

この場合、いくらくらいの物件が買えるかというと、金利が仮に2・5%でずっと変動せず（全期間固定金利）、35年間のローンを組んだ場合、大体2800万くらいとなります。左図を参考にご自身でシミュレートしてみてください。

「住宅ローン 計算」で探して好きなものを使おう

住宅ローンシミュレーターを使えば、毎月の予算からいくらくらいの物件を買うことができるかを計算することができます。また、逆にいくらの物件では毎月いくらの支払いになるのかの計算なども計算できたりもします。

インターネット上の検索エンジンで「住宅ローン 計算」と検索バーに入力して検索をかけてください。スマートフォンアプリでもPCサイトでもかなり多くのものが提供されています。お好きなものをお使いください。

もし、住宅購入について考え始めたばかりの人であれば、銀行がPCサイト上で提供しているもののほうが使いやすいと思います。

金利
固定金利と変動金利があります。詳しくは後のチャプターで説明します。

住宅ローンシミュレーターを使ってみよう

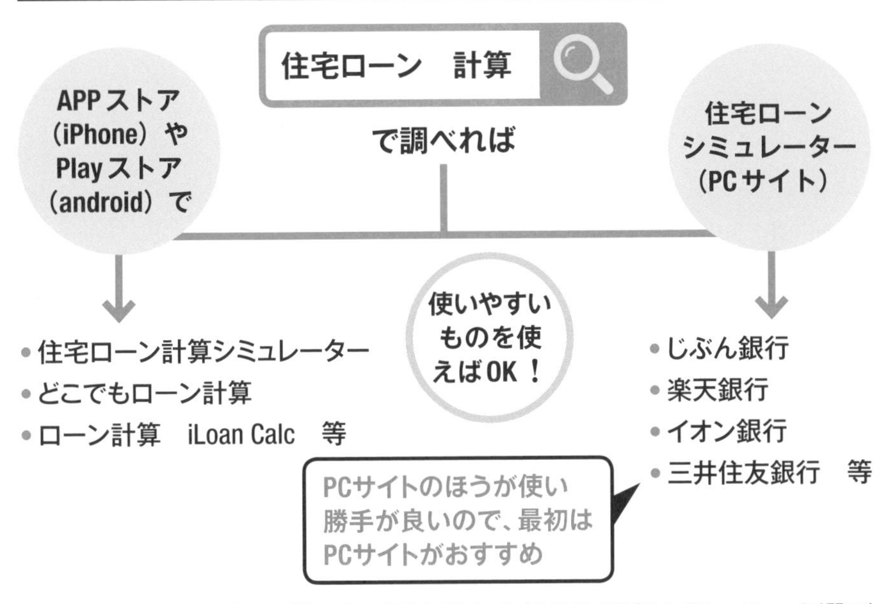

例えばPCサイト内で「毎月の返済額から借入可能額を調べる」を選び

毎月の返済希望額を入力	10	万円
ボーナス希望返済額	0	万円
借入期間	35	年※1
金利	2.5	%※2
借入額の目安結果	2800	万円※3

※1 目安なので44歳以下の方はいったん35年で入力

※2 固定金利か変動金利かなどの選択があると思いますが、いったん固定金利で2.5%くらいで入力してみてください

※3 月々の返済が10万の場合概ねこれくらいの数字になります

まとめ

「毎月の返済額」「金利」「期間」の3点で総額は決まってきます。ご自身の予算を入れて購入金額の上限を確認しておきましょう。

Section 09

頭金と借り入れ上限は頭に入れた上で住宅を探そう

予算感が固まり、やっとしっかり住宅を探すことができるようになったと言えます。あとは決めた予算をしっかり守るということです。無理なものは断りましょう。

予算は守るためにあるもの

これが実際の予算ということになります。

予算感が決まってはじめて不動産の会社と話ができる状態と言えます。というのも、当たり前ですが、住宅は高ければ高いほど広くなったり、便利な場所になったりして素敵なものになるため、予算を定めずに物件を見てしまうと、舞い上がってしまい無理なものでも契約してしまうということがおき得ます。

また、予算感をお伝えしても、不動産会社の方から高いものを紹介されることもあるかもしれません。おそらく紹介されるものは、その会社の方の言うとおり実際素敵なものだろうと思います。しかし、この場合はきっぱりNOというようにしましょう。

予算の算出はこれまで計算してきた数字からすぐ出せる

左の図の「購入予算」のところのABCを埋めれば購入予算はでてきます。Aは前ページで計算したローンシミュレーターを使って算出した金額です。ここが住宅ローンを組む限界値です。

そして、それに加えてこれまで貯金してきたものなどがあると思います。チャプター3のセクション4で保有資産をまとめていただいたと思いますが、ここからキャッシュで必要な諸費用及び何かあったときのためのものを含めたその他費用を除きます。そこで残った金額から住宅購入に出してもいいなと思う最大の金額を出してください、これがBの頭金になります。

また、最後に両親からの住宅購入の支援金などがあればそれをCとして出す。最後にA＋B＋Cをして、

購入予算を出して、しっかり守る

お客様でしたら
もっと借りられますよ
もっとこんなの
ありますけど

教育費と老後資金も
あるので不動産に全額
突っ込む気はないです
けっこうです

予算はしっかりまもること

●購入予算

Ⓐ ローンシミュレーターに毎月の返済額を入れて出た、借入の目安の額（前の項目参照） □万円

Ⓑ 頭金（保有資産※―諸費用及びその他費用の中で出せる分※） □万円

※それぞれチャプター3で計算済

Ⓒ その他親からの援助など臨時収入

これが
購入予算！

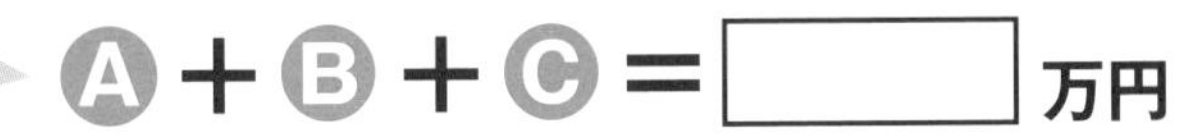

まとめ

購入予算をしっかり見極めたうえで住宅を探しましょう。順番が逆になってはいけません。予算を超えていたらきっぱり断りましょう。

Section 10 住宅ローンが使えない、使いづらい物件

融資には審査がありますが、その際借りる人の審査が通っても、物件の条件で審査がおりないものがあります。ローンでの購入を考えるなら外しておいたほうがいいものを知っておきましょう。

再建築不可や違法（既存不適格）物件は住宅ローンが難しい

簡単に言いますと、現状の建築基準法の基準を満たしていない物件は審査が通りません。かつての法律では建築を許可されていたけど、現在の法律上は基準を満たしてないものというのもたくさんあります。そういった物件は既存不適格と言われ、中古でたくさんありますが、住宅ローンでは購入できません。

代表例を左の図に示しています。建築基準法上の道路に面しているか、接道幅が基準を満たしているかというような接道条件で不適格のものがあります。また、土地に対してどれくらいの広さで、どれくらい大きさの建物までなら建てていいかという建蔽（けんぺい）率・容積率の問題で不適格となっているものも多くあります。

このような物件は中古で若干安く取引されていますが、住宅ローンでは買えず逆に高金利なローンでしか購入できないといった特徴があります。

借地権付きの物件は借り入れできる住宅ローンは限られる

借地権のついた物件の購入は、金融機関としても担保評価が低く多くの金融機関は消極的です。ただ、借地権の物件はどこも融資してくれないというわけではありません。フラット35については、借地権の物件も取り扱っており、権利金や保証金、前払いの賃料というものも融資の対象としております。

また、タウンハウス、いわゆる連棟式の物件というのも、隣の家と壁を共有していることもあり、自由に再建築が難しい物件で、なかなか一般の金融機関では対応してないですが、フラット35は取り扱いをしております。

住宅ローンを使うのが難しい物件の例

再建築不可物件や違法物件（既存不適格含む）は難しい

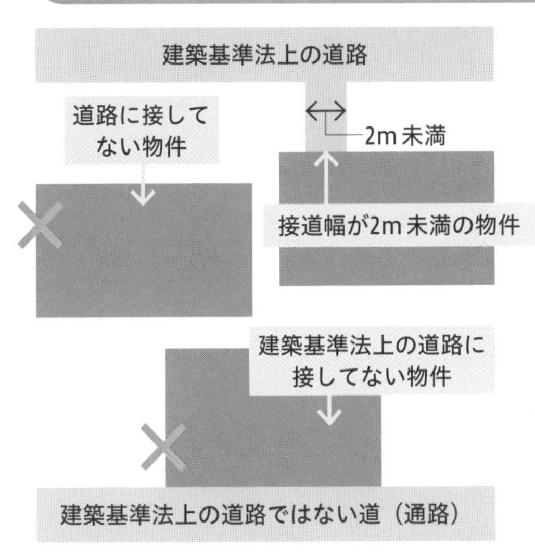

や

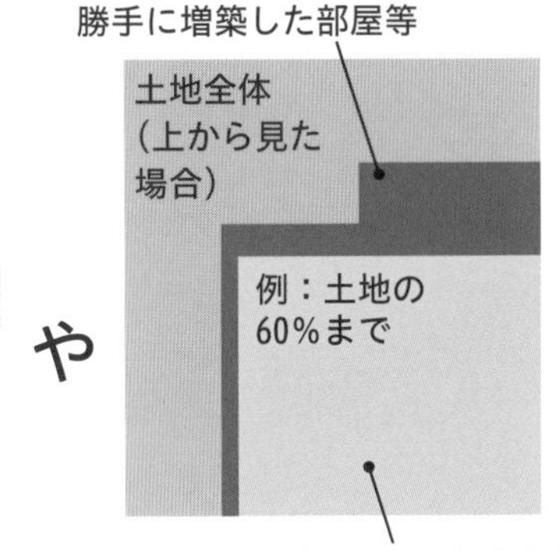

また敷地の大きさに対して、基準を超えた床面積（一般的には階数を増やせば床面積が増える）の建物を建てても容積率の関係からNGとなる。

借地権付きの物件は借り入れできる住宅ローンが限られる

	民間の一般的な住宅ローン	フラット35
普通借地権	探せば借りられる金融機関あり	OK
定期借地権	探せば借りられる金融機関あり	OK

基本的にはどの金融機関も消極的だが、フラット35は取り扱いがある。

まとめ

住宅ローンを使って購入を考えている場合、再建築不可などの物件は対象から外すこと。また、借地権やタウンハウスはフラット35を軸に検討しましょう。

中でもまずは先頭の金利の安い金融機関を探すのが一番無理がありません。

③援助の金額を増やす

前の項目であった「親などその他の方からの援助」の部分を増やす、です。お金がない以上、「お金のあるところからもらってくる」ことができれば、あなたが住宅ローンで無理をしないですみます。

④毎月の返済額を増やす・ボーナス返済額を増やす

どちらも②で説明した「毎月の支払いが多いほど、多く借り入れられる」の法則です。

例えば専業主婦世帯が共働きをするといったことや、小遣いを減らすというのが１つです。この方法は長丁場なので、無理しない範囲にしましょう。また、ボーナス返済については、このご時勢ボーナスカットなども十分あるかと思いますので、正直おすすめしませんが、どうしてもの場合はここを使う手があります。

⑤借り入れ期間を延ばす

こちらは奥の手です。②の「期間が長ければ長いほど、多く借り入れられる」ですが、80歳まではローンは組めます。無理すると最後は退職金を投入することになると思いますが、今度は老後資金が厳しくなります。よくよく検討したうえこの手を利用ください。

すぐにあきらめる必要はありません。①から⑤の優先順位を参考に実行してみてください。

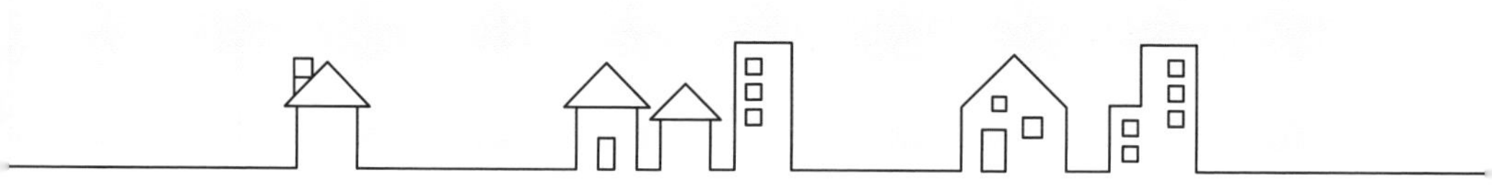

Column

物件が予算にあわなかった場合の対処方法

これまでのチャプターを通じて、「ライフプランから、どういった不動産が現実的であるか、いつまでに返し終わるべきか」「ご自宅に必要な要件の優先順位」「住宅ローンにかけてもいい予算と、購入住宅のおよその金額」「手元にないといけないキャッシュ」といったことがわかってきたと思います。

算出してみて、「全然予算に合わない！」となった場合、どう対処するかをご説明します。

色々な考え方があると思いますが、私の考える優先順位としては。

①値切る

予算にあわなかったらまず値切りましょう。ダメもとです。本当に欲しい物件で、「OKだったら絶対買う！」覚悟あるのだったら、不動産会社の方に「指値（さしね）していいですか」と聞いて100万くらい値引いた金額で買い付けをいれてもいいと思います（不動産売買で金額を指定して買い付けを入れることを「指値（さしね）」といいます）。ただしこの指値、売主さんが「その金額でいいよ」と言ってくれたのに「やっぱやめた」というのは基本だめなので、通ったら買うという覚悟でお願いしましょう。

②金利の低いローンを探す

ローンのシミュレーターをやっていただいて、気づいた方も多いと思いますが、ローンというものは以下の法則があります。

- （月々の支払いが同じ場合）金利は低ければ低いほど、多く借り入れられる
- 期間が長ければ長いほど、多く借り入れられる
- 毎月の支払いが多ければ多いほど、多く借り入れられる

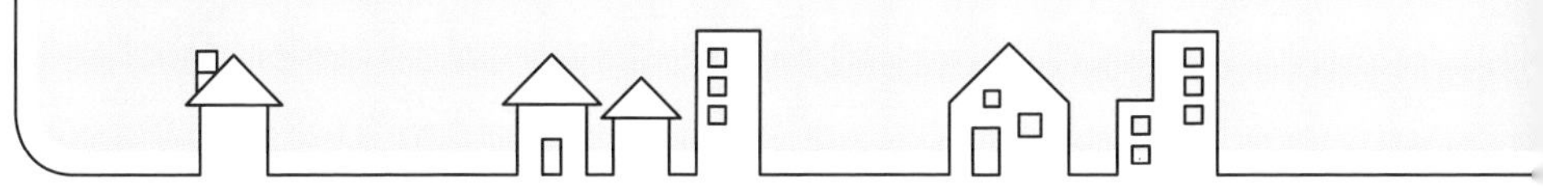

Column

物件が予算にあわなかった場合の対処方法

予算が合わなかった場合の対処の優先順位

← 優先順位

借り方・返し方を調整する			支払う金額を減らす	
⑤借入期間を延ばす	④毎月の返済額を増やす・ボーナス返済額を増やす	③援助の金額を増やす	②金利の低いローンを探す	①値切る

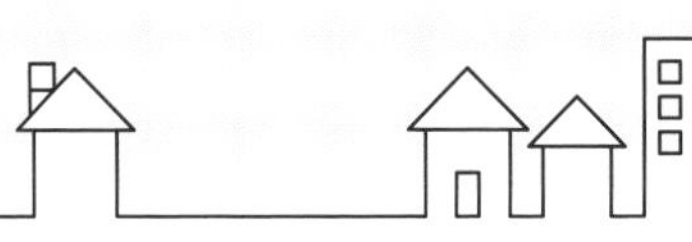

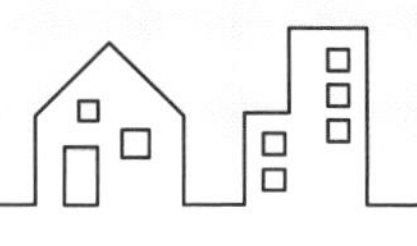

住宅ローンの基礎知識

Section 01

融資までの流れ

住宅ローンを使って不動産を購入する場合、すぐにお金が借りられるわけではありません。いくつか審査を経て融資可能かどうか、希望の融資額がでるかどうかが決定されます。

審査には時間がかかるので余裕をもっておく

ひとつひとつについては次のチャプターで詳しく説明しますが、大きくは「事前審査」「本審査」「金銭消費貸借契約」「決済」という流れで融資が行われます。まず事前審査で概ね収入から見て返済可能かなどを判断。本審査でさらに細かく購入物件や本人の健康状態なども含めて返済可能かどうかを見て、融資ができるかを判断します。

また、この期間には金融機関に審査をされる立場であると同時に、融資を受ける側も金融機関を審査するタイミングでもあります。実際に契約を結ぶまでは、いろいろな金融機関を見て、自分の条件にあった金融機関を探すことができます。住宅ローンは金融機関ごとに特性がありますので、事前審査の段階でいくつか審査を出しながら、メリット、デメリットを比較してベストなものを選ぶようにしましょう。

審査が通らなかった場合、審査に落ちた理由は金融機関も直接は教えてくれません。通すためにトライ&エラーを何回かやらざるを得ません。審査を繰り返しても怪しまれますので、初回からやみくもに沢山の金融機関に審査を頼まないほうがベターです。

契約・決済についてはスムーズに行えるように

融資がおりることが決まってしまえば、あとは主に書類の準備です。

この段階は、提出した書類をもとにさまざまな関係者が動く形になりますし、決済のように日付をずらすと後が大変になるものもあるので、全体的がスムーズに流れるように心がけましょう。

融資の流れとやるべきこと

	金融機関や不動産会社がやること	あなたがやること
❶事前審査	年収などからどれくらいの金額まで貸しても大丈夫かシミュレーションする	いくつかの金融機関でどれくらいの金利で借りられるかなど条件を確認する
即日〜2週間　OKなら		
❷本審査（団体信用生命保険を含む）	本当に融資して問題ないか、健康状態や購入物件の担保価値などを詳しくみる	どの金融機関でどういう条件で借りるのか検討後、実際に借りる金融機関を決める
1か月以上　OKなら		
❸金銭消費貸借契約（団体信用生命保険を含む）	契約書や契約約款などの準備	必要書類の準備、契約書をしっかり確認
❹抵当権設定・決済	住宅ローン実行（振込・支払い）所有権移転登記 抵当権設定登記	必要書類の準備 手数料や火災保険などの諸費用支払い

❶❷でもし審査に落ちたら……原因をつきとめ、問題を解消して再チャレンジ（ただしやみくもに審査に出さないこと）

まとめ

審査には時間がかかり、通らない場合もあります。余裕を持ったスケジュールで動くようにしましょう。

Section 02

つなぎ融資

主に注文住宅を建てる場合に、通常の住宅ローンと併せてつなぎ融資が必要な場合があります。聞き慣れない言葉ですが、最終的にはひとつにまとまるものです。どんなものかだけ理解しておきましょう。

住宅ローンは住むところがあってこそのもの

住宅ローンは基本的に本人が居住する住宅に対して行われるものです。建売の住宅の場合は、購入して即入居という形になりますので問題はありません。しかし、注文住宅の場合は、先に土地の決済をして土地の持ち主にお金を払い、その後工務店やハウスメーカーに家を建ててもらって、その途中や完成時に都度お金を支払うということになります。この場合、例えば土地の購入の段階では、まだ正式な住宅ローンの融資は受けられないということになります。

ここで出てくるのがつなぎ融資です。土地の分の融資や、建物の着工時の分の融資を受けておき、最後に住宅ローンでまとめる＝住宅ローンに借り換えて一本にするというものです。

つなぎ融資のコスト

つなぎ融資は、通常の住宅ローンの金利より高い金利であるのが一般的です。建物が建つまでの短い期間の借り入れなので、金額が膨らんでいく形にはならないですが、一般的に数十万という額は必要になってきます。この部分のコストも見込んでおく必要があります。

また、住宅ローンとは違う融資の契約を結ぶということで、それにかかわる経費が必要になってきます。金融機関によっては、このつなぎ融資という形ではなく、ひとつの住宅ローンとみなして、住宅ローンの分割実行という形で対応してくれるところもあります。注文住宅の場合は金融機関選びの際に、意識しておくといいでしょう。

つなぎ融資に対応する金融機関
すべての金融機関で取り扱いがあるわけではありません。各金融機関にお問い合わせください。

つなぎ融資とは

住宅ローンは「住宅」
（建物＋付随する土地）
に対するローン

貸しましょう

注文住宅の場合は
土地の支払いを先に
しないといけない

ここでお金が
必要になってしまう

先に買って　　後で建てる

土地の段階では住宅ローンそのもの
をうけることはできない。どうするか

先に一部
お金を貸すよ！
でも住宅ローンじゃない
から金利は高いよ！

そこで
つなぎ融資！

最後は
住宅ローンで
まとめるよ！

つないで
着工着手金
建築費の30％

着工時

つないで
土地代

土地

完成！

住宅ローンで
つなぎ融資を
完済！

完成時

全体の住宅ローン分の金額＋つなぎ融資の金利＋諸費用が総費用となる

つなぎ融資は一時的に高い金利になるのでコストアップ。これを避けるために
●一部は預貯金で支払う　●住宅ローン分割実行を相談する
という手などがある。

金融機関選定のとき、これらの制度があるか確認する必要がある！

まとめ

注文住宅で建てる場合に使われることの多い「つなぎ融資」は、まず融資を想定している金融機関で取り扱いがあるか確認しましょう。

Section 03

リフォームで住宅ローンを使う場合の注意点

リフォームでも住宅ローンを利用することは可能です。まだ使える建物でしたら、新築にするよりもコストは低くすることができます。ただ、いくつかの注意が必要です。

リフォーム一体型住宅ローンもある

まず、住宅ローンとリフォームローンの違いをざっくり知っておきましょう。住宅ローンというのはわりと長く借りることが前提のものですから、多額の借り入れができ、長期低金利が可能です。逆にリフォームローンは一時的な修繕がベースなので、借入額は少なく、短期で高金利になりやすいです。

リフォームが必要な家を購入する際の選択として、①リフォーム一体型住宅ローン（総額を住宅ローンで賄（まかな）える）と②いったん住宅ローンで中古の物件を取得し、別途リフォームローンを組むという選択肢があります。この場合、一般的に考えればリフォーム一体型住宅ローンの方が有利と言えます。できればこちらのローンを使える方がいいでしょう。

リフォーム一体型住宅ローンの注意点

まず第一にこのリフォーム一体型のローンは、どこの金融機関でもできるというわけではありません。金融機関の選択肢が狭まるということです。

また、リフォームということは、築年数は古いままです。銀行はお金を貸すときに物件を担保にお金を貸すという形をとりますが、木造の建築物では22年、鉄筋コンクリートなら47年というような数値をベースに建物の価値を算出するため、古くなる程、建物に価値がないと判断されます。結果として、貸し出せる金額も低く、リフォーム部分まで借り入れできないということが起こりえます。条件が合わない場合、住宅ローンとリフォームローンを別々に組む形でしかできないということです。

住宅ローンはリフォームでも使える

❶リフォーム一体型住宅ローン

❷住宅ローン＋リフォームローン

リフォーム一体型住宅ローンの方が、
- 金利が低い
- 返済期間も長くとれる
- 住宅ローン控除が効く

といった形でメリットが多く有利だが、審査が厳しい

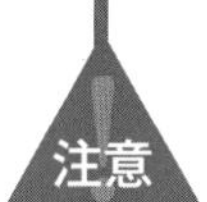

❶リフォーム一体型住宅ローンをやっている金融機関に限られる
❷築年数は古い物件をリフォームする場合、銀行の評価としてはベースは築年数の古い住宅ということになる。このため、銀行評価は低くなり、審査が厳しくなる可能性が高い。希望金額を借りることができない場合もある。
❸フラット35（リフォーム一体型）の場合は、別途つなぎ融資が必要などの場合があり確認が必要。

まとめ

リフォームでも住宅ローンを使うことは可能。ただし扱う金融機関も限られ、融資条件も一般の住宅購入とは違ってくるのでよく内容確認を。

04 Section

住宅ローンの構成要素

誰だって住宅ローンは安く抑えたいと考えると思います。安くしたいのは概ね月々の支払額だと思いますが、その為にはどこを見るかを考えたいと思います。

要素は簡単！「金利」「期間」「借入額」！　でも…

チャプター3で住宅ローンシミュレーターのお話をしましたが、そこで入力したもの、出てきたものが「金利」「期間」「借入額」「月の返済額」だったと思います。いったん月の返済額を抑える目的で考えると、「金利は低いほどいい」「借り入れは長いほどいい」「借入額は低ければ低いほどいい」という非常に単純な構造になっています。

ただし、実際はここまで単純ではありません。それぞれの要素の中にメリット、デメリットが潜んでいるので、そこをしっかり理解しておく必要があります。

● 「金利」…金利は変動金利という「世の中の変動に合わせて金利が変わってもいい」というものを採用すれば、低いものが選べます。しかし、住宅ローンは長丁場です。金利が上がっていく可能性もあります。これに備えるために若干変動金利より高くなっても固定金利を選択するという考え方もあります。

● 「期間」…期間は35年という最長のものを選べば、毎月の支払額は抑えることができます。しかし、定年までであと20年といった場合は本当に返せるのかとかいった不安があったり、返済期間が長いほど利息が増えるということもあります。

● 「借入額」…借入額を低く抑えるために、安いがまったく不本意な住宅を購入してしまったり、無理やり頭金を入れて、その後の教育費が足りないといったようなことが起こってしまっては本末転倒です。

このように要素は少ないのですが、それぞれどのデメリットを受け入れるかなど、人生設計と合わせて考えていかないといけないということです。

住宅ローンの金額を決める3つの要素

❶ 金利 低

長期固定の金利は高く
短期変動の金利は低い

※2021年現在の傾向です。市況によって変わります（1980年代のバブル期は変動金利が高金利な時期もありました）。

❷ 期間 長

長くすれば月々の返済額は低くなるが、その分金利も長くとられてしまうので最終的な支払い総額は高くなる

❸ 借入 少

借入を下げられればいいが、その分物件価値も下がる。必要な広さや利便性はクリアできているか

金利低く、期間長く、借入を少なくできればできるほど月々の返済額は安くなる
しかし、それだけで「住みたい住宅」を決めることはできない

誰にとっても最適な借り方はないので、自分のライフプランに合った借り方をしましょう

まとめ

月々の返済額が低ければそれでなんでもいいというものではありません。各要素のメリット・デメリットを理解し、ご自身のライフプランにあわせていきましょう。

05 Section

住宅ローンを借りる機関と特徴

様々な機関で住宅ローン融資を行なっています。それぞれの機関で条件やサービス内容は変わってきます。代表的なタイプで傾向を掴（つか）んでください。

金融機関によって何が変わるか

住宅ローンを扱う金融機関はたくさんあります。各社それぞれサービスが異なりますが、いったん代表的な住宅ローンの概要を掴んでおきましょう（左図）。細かく違いはありますが、見ていく部分としては融資対象者と金利です。また、一般的な傾向として金利が低い方が審査も厳しくなりがちなので、その観点でもご確認ください。

特に金利は低いほど良いのが基本なので借りることができる金融機関のなかで最も低金利なものを探していきましょう。

財形住宅融資について

公的な住宅ローンで現在残っているのが、財形住宅ローンと一部の自治体の融資です。財形住宅融資については、その他の住宅ローンと違いがありますので、補足します。

まず、財形貯蓄残高の10倍の額となっており、財形貯蓄を行なっている人が対象になります。なお、財形貯蓄は「一般財形」「財形年金」「財形住宅」のどれをやっていても構いません。1年以上続けていて残高が50万円以上であれば対象です。手数料などの諸費用が低い場合もあるうえ、金利もやや低めです。

ただし、気をつけるべきなのが、金利が変わらないのは5年間までで、その後は5年ごとに金利を見直しますが、その際適用金利に上限がないという点です。既に財形を一定額行なっている人は、他の金融機関の条件と比べて、これを使うかどうか判断してください。詳細は巻末付録②（P209）でご確認ください。

財形貯蓄
勤め先が財形貯蓄の制度を導入してない場合は利用できません。自営業の方も利用できません。

金融機関別の大まかな特徴

	金利	主な対象	窓口
大手銀行	やや低	会社員や公務員	基本的にはそれぞれの金融機関や会社となる ただし、不動産会社や勤務先の「提携ローン」の場合はそれぞれ不動産会社や勤務先が窓口となる
ネット銀行	低	会社員や公務員	
信用金庫・労働金庫	普通	会社員、公務員、中小企業社長、個人事業主	
ノンバンク	高	会社員、公務員、中小企業社長、個人事業主、派遣社員、パート社員	
住宅ローン専門会社（主にフラット35取り扱い）	普通	会社員、公務員、中小企業社長、個人事業主、派遣社員、パート社員	
財形住宅融資	やや低	会社員や公務員	財形住宅金融、住宅金融支援機構、共済会など勤務先によって変わるので要確認
社内融資	低	会社員	勤務先

※自治体の融資については各自治体により変動が大きいため、お住いの自治体にお問合せください

まとめ

金融機関のタイプと特徴を理解し、自分に合ったところを選びましょう。また、その中で最も有利な条件で借りられるところを探しましょう。

Section 06

金利や審査以外にも金融機関ごとに様々なサービスがある

多くの金融機関が住宅ローンを扱うようになり、様々なタイプの住宅ローンが出てきました。十分に比較検討できるようにそれぞれの独自のサービスを確認するようにしましょう。

金融機関ごとに様々なサービスをつけて差別化している

2つ前の項目で、基本的な住宅ローンの構造は金利・期間・借入額の三要素というお話をしました。このため、金融機関選びの際、「いくらの金利で貸してくれるところなのか」「どういった審査があって、どういった人にどれくらいの金額をどれくらいの期間で貸してくれる所なのか」ということが基本的な観点となります。

ただ、この三要素は、同じタイプの金融機関であれば、似たりよったりの数値になりがちです。このため、それ以外のところで、各社様々な差別化を図っておりますので、その部分も含めて、比較検討されるのがいいと思われます。

左の図には、例えばということで、いくつかのケースを記載しました。

各社様々なオプションがあります。不動産会社などで紹介された金融機関を選ぶのもいいですが、各社のローンについて自分でも詳しく情報を取りにいくようにしましょう。

選択する際はきちんと比較をしよう

最終的な金融機関選びは、「金利が安いから」といった単純なものではなく、一番有利なものをトータルでみていく必要があります。このため、比較検討ができるように巻末に各社住宅ローン比較のためのチェックシートをつけております。※感末付録⑧P219参照。

この先の説明を読まないと今は書けないと思いますが、読み進めていき、金融機関を調べた際に常に書き込んでいくようにしてください。

金融機関の様々なサービス

かつては公的機関の融資が主流

しかし、今は民間の金融機関の住宅ローンが主流に！

各金融機関、さまざまなサービスをつけた住宅ローンで差をつけている

例えば

大手銀行　店舗の数が多いので手続きがしやすい。また、相談もしやすい。振込手数料を無料にする「繰り上げ返済手数料無料」などのサービスをしている銀行も。

ネット銀行　保証料がかからない、繰り上げ返済手数料がネットバンキングで無料といったサービスがある銀行も。また、「預金連動型住宅ローン」のような預金をしていれば預金分の金利はかからないといった独自の貸付形式があったりする。

ノンバンク　借地権付きの土地を対象に住宅ローンを出してくれたり、賃貸併用住宅に独自のルールで一部住宅ローンとして出すといったこともしてくれる銀行もある。その他借入金に合わせた、独自のポイントを付けてくれるといったサービスがあるものもある。

上記の各タイプ中でも、金融機関によってさまざまな差別化をしているのでその他サービスについても比較検討しておきましょう（➡巻末付録⑧）。

まとめ

金融機関ごとに様々なオプションサービスがあるので、金利や期間以外のサービスも含めて総合的に検討しましょう。

Section 07

提携ローンじゃなくてもいい。しっかり自分で決めよう

不動産会社の提携している金融機関を使えば非常にスムーズ。しかし本当に自分にあっていて有利かはわかりません。自分でよその金融機関もしっかり調べて決めるようにしましょう。

提携ローンは面倒なところが省かれているから楽。でも…

住宅を見に行って、不動産会社から提携している金融機関でのローンをおすすめされることがあります。

もちろんこの「提携ローン」というのは、既に物件の評価も済んでいる場合も多いので、審査は早く、また、特別金利がある場合もあり、手間もかからず非常に有利です。しかしながら、この提携ローンは概ね大手都市銀行であることが多く、あなたに一番有利な条件のローンかどうかはわかりません。

本当に有利か、その他の金融機関のローンの中身も比較して決めるようにしてください。例えば、財形融資や、社内融資、場合によってはあなたの会社と提携している銀行があって、より有利な条件で借り入れできるかもしれません。

並行して自分でも探そう。また、ローン特約をつけること

自分で金融機関を探すとしても、別に不動産会社から紹介される提携ローンを無視する必要はありません。それはそれで審査に出し、内定をとっておいて、その間に自分で有利な金融機関を見つけて、自分で審査を出して進めていけば問題ありません。

ただし、自分で金融機関を探す場合は、物件の契約の際に「ローン特約」をつけてもらうようにしてください。ローン特約というのは、金融機関が融資してくれない場合は、売買契約自体がなしになりますよというものです。なんのペナルティもなく手付金なども返ってくる、安全装置のようなものです。

最終的には物件引き渡しの少し前までにしっかり借り入れ先が確定していれば大丈夫です。

提携ローン以外も自分で探しましょう

不動産会社が紹介してくれる金融機関じゃなくてもいい。最後は自分で選ぼう！

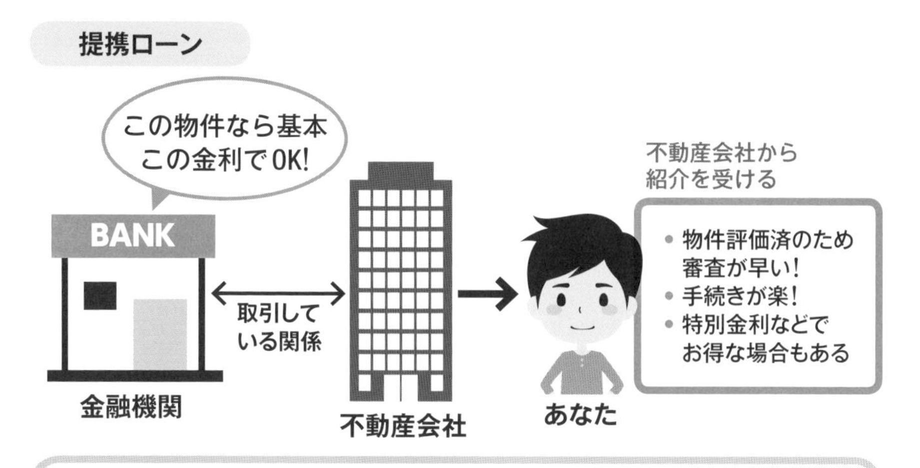

しかし、主な会社は大手都市銀行が多く、ライフプランに合ってるかどうかはわからない。トータルであなたにとってベストかどうかはわからないので、提携ローン以外の金融機関も調べておきましょう。

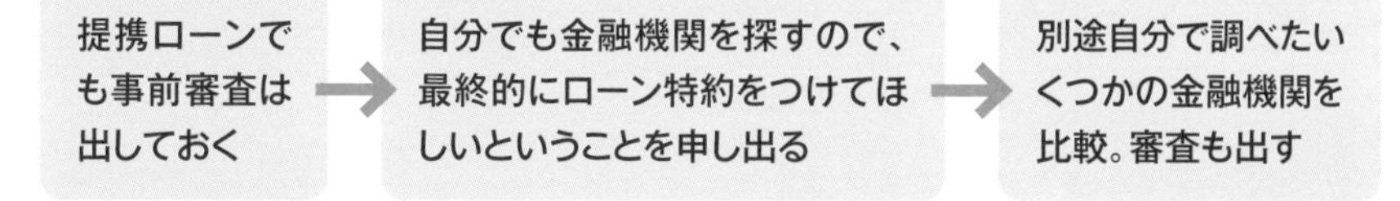

物件引き渡しまでに契約できるようにしておけばOK!

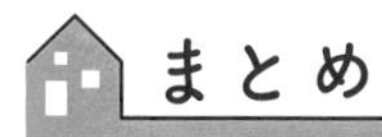

提携ローン以外に自分に有利な条件のものはないか自分でも探してみましょう。比較して最終的に最も条件が良いところに決めましょう。

08 Section

住宅ローンは誰でも借りられるのか

住宅ローンは非正規雇用だと借りれらないといった誤解をしている方もいますが、問題なく借りられます。ただ、審査が厳しかったり、満額借りづらかったりといったことはあります。

安定性が重視される

住宅ローンは誰でも借りられるかというと、答えはNOです。収入のない人は借りることはできません。逆に言えば、収入さえあれば借りることができます。ただし、住宅ローンは長期間なため、収入の「安定性」が重視されます。これにより、「借りやすい人」「借りにくい人」という差が生まれてきます。

じゃあ借りにくい人はどうするかです。借りづらい属性の人でも安定性を示せばローンを組ませてくれる金融機関はありますので、条件に合っていることを証明していくことで借りることができるようになります。

なお、自営業の方は審査の前に必要な社会保険などをきちんと支払っているかは確認してください（企業でお勤めの方は会社が源泉徴収をしているはずです）。

借りる人の属性を選ばない「フラット35」

自営業の方や非正規雇用の方が選択しやすいのがフラット35です。こちらは独立行政法人の住宅支援機構が、民間の金融機関を通して提供している住宅ローンです。元々が公的なローンを行なっていた機関ということもあってか、属性で選別はせずに、独自の基準の審査で融資を決めます。審査基準もはっきりしているので、融資がでるかどうか比較的わかりやすいです。

いわゆる銀行のローンより厳しい基準になっている部分があったりもしますが（物件の広さが一定数以上ないといけないなど）、属性を選ばないという点で多くの人が利用しやすいローンです。サラリーマンや公務員以外の方は特に審査基準を調べておきましょう（詳しくは巻末付録①P207を参照ください）。

安定性をしめす

契約社員や派遣社員の方ならば3年以上の勤続やその間の収入を証明することで安定を示せたりします。

各属性ごとの住宅ローンの借りやすさ

サラリーマン・公務員	自営業	契約社員・派遣社員	パート・アルバイト
比較的誰でも借りやすい	事業内容、事業規模、事業継続年数によって選べる金融機関は変わる	勤続3年以上だと金融機関の選択の幅が広くなる	フラット35での借り入れを検討

健康保険、年金、所得税、住民税をきちんとおさめているかは確認しておきましょう。

基本的に金融機関としては安定して長期にわたって返済できるかどうかという観点でみるため、サラリーマンや公務員が借りやすい属性となる。フラット35は雇用形態が職業を重視しないので、自営業の方や非正規雇用の方にとっては最初に検討する住宅ローンになります（詳しくは巻末付録①P207を参照ください）。

まとめ

借りやすい属性、借りづらい属性、それぞれあるものの、基本的には収入があれば借りられます。自分にあった金融機関にあたりましょう。

35年の落とし穴

不動産会社が出す広告などをみると、大体が35年ローンの数値で、「家賃より安くないですか」というものです。35年後何歳になっていて、本当に返せそうか冷静に見るようにしましょう。

定年後も払い続けられるのか

大抵の不動産の広告やモデルルームで出される資料は、35年ローン前提の支払額です。

例えば月々14万という返済があった場合、今は現役「手取り40万」の人であれば、「ちょっと頑張っていくか」という気持ちにもなろうかと思います。しかし、定年後にその収入はあるのでしょうか。定年のない自営業の人であれば、収入の目処があろうと思いますが、サラリーマンの場合、仕事が見つからない場合もあります。

退職金である程度まとめて返済できたり、別途しっかり貯蓄があれば話は別ですが、それらがない場合は非常に苦しい家計になります。

現実にほとんどの方は20年以内に返済している

住宅金融機構のまとめによりますと、約85％の方は実際は20年以内に返済を終わらせています。35年ローンで借りても、多くの人が「繰り上げ返済」（後に説明します）を行うためです。

30～40代が住宅ローンを借り始めのボリュームゾーンと考えると、多くの方は定年前に返し終えているということになります。

35年ローンで家賃並みという言葉は非常に甘いささやきですが、真に受けて35年で毎月ギリギリの予算で返済している人はそこまで多くないということをご理解ください。35年のローンを組んだとしても、繰り上げ返済もできるくらいの余裕を持った上で、ローンの金額設定をするようにしましょう。

定年前に完済が必須か

返済額軽減型などの繰り上げ返済で、65歳時点で年金でまかなえるくらいの返済額まで落としているようなケースであれば完済してないもののある程度安心でしょう。

販売資料の多くは35年ローン前提の支払額

○○区にお住まいの方へ

頭金0円　ボーナス0円　35年　元利均等払い
毎月**14万円**

今のお家賃と比較してください！

例　**現在40歳　月の手取り40万**

行けそうかなぁ

返済比率　**14万円（月の返済額）÷40万円（月収）＝35％**

65～75歳の現在の年金額平均は、夫サラリーマン・妻専業主婦でだいたい22万。
14万円÷22万円＝返済比率63.5％に跳ね上がる！

でもちょっと待って！
35年ですよ！

●一般的にどれくらいの期間で返済を終えているか

10年以内で返済	20年以内で返済	20年超で返済
約**40%**	約**45%**	**15%**

➡85％超が20年以内に返済完了しているのが現実！

民間住宅ローンの貸付動向調査　住宅金融支援機構

35年借りられるからといって35年ギリギリ借りるつもりでいないこと！

まとめ

不動産会社の資料は35年ローン前提。ただし、定年後に今と同額返済できるかどうかはわからない。無理しない価格の物件を。

10 Section

予算を思い出そう、借りられるだけ借りるは危険

不動産会社やハウスメーカーなどを回っていくと、自分の借り入れが可能な額が見えてきて、「思ったより借りられる」という気持ちになるかもしれません。しかし今一度予算を意識しよう。

銀行が算出する借り入れの上限は高い

銀行の貸し出しの審査というのは銀行ごとに決められており、公表されておらず、細かい数値は変わりますが、ざっくりと左図のような形で考えられています。

左の図の例の場合、年収６３０万の人は、およその貸し出し上限は４７５０万となります。

ただし、この計算には落とし穴があって、あくまで「上限値」です。これが安全というわけではありません。税込みの年収に対して30％とか40％を返済可能額と見るのは、生活費のほとんどを住宅費に注ぎ込んだ場合です。

年収の40％というのは実際には、毎月の手取りの60％を超えるでしょう。これでは老後資金の貯蓄や教育費といったものにはほとんど手が回りません。

今一度予算を遵守（じゅんしゅ）する

実際の物件を見て回っていくと、ちょっと予算より上のものを紹介されて「まずはこちらの物件で事前審査だけでもしておきましょう」という話にもなろうと思います。そうすると、結構銀行からは高めの金額でもＯＫが出たりすることもあって、舞い上がって徐々に予算が上がってくるのはよくある話です。

しかし、その際グッと堪（た）えて算出した予算を信じて、それを遵守するようにしてください。左図の下の部分、いずれもあくまで例ですが、見ていただければわかりますように、理論上の借り入れ可能額と、家計から算出した予算（チャプター３）とでは大きく差があるのです。「借りられる金額は返せる金額とは違う」ということをよく覚えておいてください。

借りられる額＝返せる額ではない

ある銀行の貸し出し上限金額

前年度年収	200～299万	300~399万	400万以上
上限の割合	30%	35%	40%

年収630万円の場合

630万 ×40%＝252万（年間）
252万 ×35年（上限）＝ **8800万**

↓ ただし金利が4%含まれるので

借入上限額
4750万 （＋金利が4050万）
月々の返済額は 21万円

➡5000万近くまで借りられますが、これは収入のほとんどを住宅費に充当するという話になります。お子様やご自身の教育費などが多くかかったらアウトです。

●チャプター3で算出した予算との乖離（かい）を確認してみましょう。年収630万。毎月の住宅にかけられる現実的な金額は12.5万の場合（チャプター3セクション8の下段を参照）。

上記金融機関の計算で借りられる上限額
4750万

その差約1900万！

チャプター3で算出した毎月の家計から見た上限額
2800万

まとめ

銀行が算出する借り入れの上限額は高い。この額はあなたが返せる額とは限らないので、事前に算出した予算を常に意識しておくこと。

Column

住宅ローンチェックシートの使い方

	金融機関名
金利タイプ	□全期間固定　<　>% ☑変動金利　< 0.41 >% □固定金利選択型 当初<　>年<　>% 上記終了後　<　>%
キャンペーン	☑あり　条件・期間・金利等 < 電気の契約で−0.03% > □なし
事務手数料	☑あり　< 31500 >円　□なし
保証料	□一括払い　<　>円 ☑金利に含まれる　□なし
団体信用生命保険の保険料	□別途支払いあり　初年度<　>円 ☑別途支払いなし □疾病保障あり +<　>円 ☑疾病保障なし
火災保険料	保険金額　< 15年12万円 >円
繰り上げ返済	繰り上げ返済最低額　< 1万円 >円 手数料 □あり　<　>円　☑なし

住宅ローンを検討する際、多くの会社で見積もりなどをとると思います。選ぶにあたって比較できるように、一覧するためのシートを巻末付録⑧（P219）につけましたので、ご利用ください。

こちらのシートを利用するにあたって、「1番重要な項目は何か」ということを決めてから比較をするようにしてください。例えば人によって一番重要なところは「金利」ということもあるかもしれませんし、また人によっては保険をまとめたいので保険が充実していて安いほうがいいという人もいるかもしれません。重視するところがどこかは考えたうえでご利用いただければと思います（1つだけでなく複数で優先度の順位をつけていただいてもかまいません）。

これは、少なくとも1つは優先順位を決めておかないと、シートに記入だけして、そこから検討できないという状態を防ぐためです。1つでもポイントを絞っておけば、そこを軸にほかのところは多少目をつぶって決めていくことができます。例えば金利が重要ならば、金利の安い2・3社だけに絞って、その中でほかのコストもみて、最も良さそうなところを選ぶといったような感じです。

こちらの表にない、こだわりのポイントなどがある場合は、余白などにご記入ください。その際はすべての会社のシートにその項目について記入するようにしましょう。

住宅ローンを借りる

Section 01

固定金利と変動金利、そのメリット、デメリット

金利のタイプは大きく固定金利と変動金利の2つがあり、それぞれにメリット・デメリットがあります。その2つを組み合わせたパターンもありますが基本はこの2つを理解すれば大丈夫です。

固定金利と変動金利

固定金利というのはその文字通り、金利が固定されています。全期間固定金利であれば、返済期間中に世の中の金利が上がったとしても、返済額は一定で変わらないので安心。返済計画も立てやすいのがメリットです。ただし、申し込み時点では変動金利より金利が割高になるのがデメリットです。

変動金利は、固定金利に比べて金利が低く設定されており、少なくとも当初の返済額は低い金額になります。世の中そのまま低金利が続けば固定金利より支払い総額も低く抑えられますが、逆に金利が上昇した場合は返済額が増える上、元金の減りも遅くなるというのがデメリットになります。日々金利を意識しないといけません。

変動金利の注意点

変動金利は日々の金利変動を反映するわけではなく、半年毎に金利の見直しが行われます。また、返済金額にいたっては更にゆったり5年毎の見直しになります。加えて返済金額については、前回より125%以上は上がりません。このため、世の中の金利がある日突然上がったとしても、急に返済額が上がることはないようになっています。

ただし、このストッパーがあるから安心というわけではありません。返済額は125%上限で止まるのですが、本来払うべき金額を後送りにしているというだけで、金利上昇分で後送りにした分は最終的に後で払わないといけません。金利が上昇したら返済総額は上がるということは理解してください。

固定金利と変動金利を組み合わせた「固定期間選択型」

一定期間金利が変動しない安心感がありつつ、変動金利並みの低金利となる場合が多く、当初の支払を安定的に抑えたいという方に人気のプランです。

金利タイプごとのメリット、デメリット

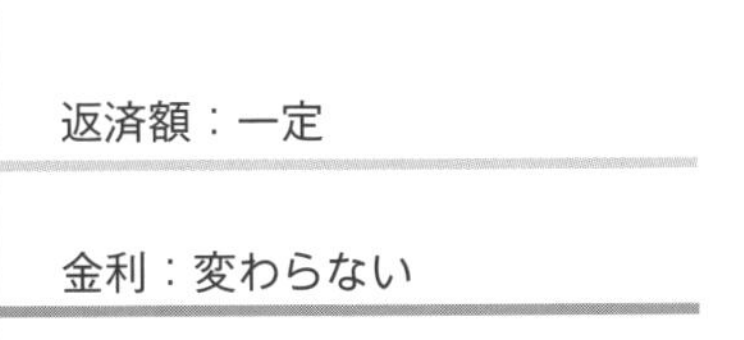

固定金利

メリット：返済中は金利が変わらず返済額も変わらない

デメリット：変動金利より金利が高い

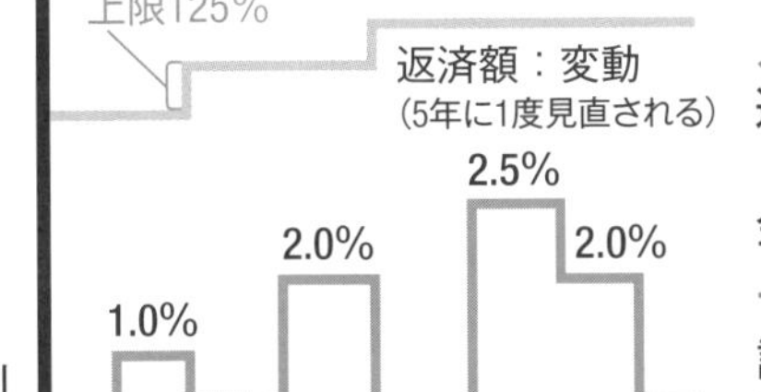

変動金利

メリット：金利が半年ごとに変動し、返済額も5年に一度見直される（ただし返済額の上昇は前の期の125%まで）。金利は固定金利より低い

デメリット：返済額が変動するので、家計の予測が難しい。また、前回の125%というリミットがあるため、金利上昇が大きい場合はリミットを超えた分は最後に未払い利息としてしわ寄せがくる

選んだ固定期間は金利、返済額ともに一定

返済額：変動（5年に1度みなおし）

金利 0.9%

金利：半年に一度変動

10年　15年　20年

固定期間選択型

※一定期間までは固定金利、その後は変動金利

メリット：変動に近い低金利でありながら、しばらくは固定金利の安心感がある

デメリット：固定期間の終了後は変動金利になるので、返済額が跳ね上がるリスクがある

まとめ

金利タイプの選択はそれぞれのメリット、デメリットを理解した上で行うようにしましょう。両者を組み合わせた固定期間選択型というのもあります。

Section 02

金利の割引について

多くの金融機関の住宅ローン広告に店頭表示金利より割引しますということが書いてあります。表示されているものは最優遇金利で、その数値と同じ割引が効くかは審査で決まります。

店頭金利と割引

左の図がよくある住宅ローンのチラシです。基本的には最終的な適用金利が大きく載っていますが、この金利は、元々「店頭金利」というものがあり、それから割引されたものになります。つまり、今見ている金利は、金融機関の本来の金利ではなく、契約上割引がなくなった場合は、金利が本来の店頭金利になってしまうこともあるということです。

特に影響が大きいのは、固定期間選択型で、このタイプは固定期間が終了した時に、店頭金利はもちろん、割引額も変わってくることがあるためです。

店頭金利は景気に左右されますし、割引は金融機関の戦略で変動します。

また、知っておいていただきたいのはこのチラシに出てくる割引後の金利は、「最優遇金利」となっており、この通りの金利になるかは最終的には審査によって変わってくるということです。

金利の優遇がいつまで続くかを把握しておこう

固定金利選択型が影響が出やすいことをお伝えしましたが、住宅ローンを比較する際は、「当初の金利」だけでなく、その割引がいつまで続いて、当初期間終了後どれくらいの金利になるかも確認するようにしましょう。

例えば当初の五年間だけは割引が多くされて適用金利も低いが、残りの期間の割引が薄いといった場合には、長期視点からみるとあまり得ではないといったケースも考えられるからです。総合的に比較するようにしましょう。

変動金利型
店頭金利が常に変動しているため、適用金利も常に変わります。このため広告では「当初適用」となっています。

銀行の金利軽減プランのチラシ例

特約固定金利選択型

3年固定　店頭金利から2.6%↓
［店頭金利：3.45%］
年 **0.85%**

5年固定　店頭金利から2.8%↓
［店頭金利：3.7%］
年 **0.90%**

10年固定　店頭金利から3.1%↓
［店頭金利：4.2%］
年 **1.10%**

特約固定期間終了後

再度固定金利制を選択の場合	変動金利を選択の場合
最大 店頭金利から 年 **1%** 軽減	最大 店頭金利から 年 **0.5%** 軽減

長期固定型

全期間　店頭金利から2.1%↓
年 **1.20%**

変動金利型

店頭金利　2.5%
↓
借入期間中店頭金利から1.7%↓
年 **0.8%**
（当初適用金利）

当初金利だけでなく、当初期間終了後の金利も
しっかり比較すること！

当初10年 **1.10%** ＜ 10年後

- A行 最大 店頭金利より **1%** 軽減 → 例えばその時店頭金利3.1%なら **2.1%**
- B行 最大 店頭金利より **1.4%** 軽減 → 例えばその時店頭金利3.1%なら **1.7%**

まとめ

適用金利は店頭金利から割引されたもの。この割引がいつまで続いて、期間終了後どれくらいの金利になるかも含めて検討しましょう。

03 Section

固定金利と変動金利どっちが有利？

どちらが有利かは金利が上下すると考えるか、変動はあまりしないと考えるかによります。具体的な金額シミュレーションで考えましょう。

借入額2800万円の場合で考えると

左の図にあるように、借入額2800万円を35年返済で元利均等で返済すると考えます。まず、ずっと35年、金利が変わらなかった場合、変動金利型のほうが金利が低いので、固定金利型に比べて、400万円くらい総支払額が少なくなります。

逆に金利が10年ごとに1・5％程度上がっていき、最終的に5％くらいになる場合の総返済額は、変動金利の方が200万ほど高いということになります。

また、2020年現在の金利は、ほとんど下り幅がないのでシミュレートしづらいですが、10年ごとに0・1％ずつ下がるとした場合は、総返済額が変動金利の方が450万円程度安くなります。

こうみるとそこまで差はないかなと思うかもしれないですが、月々の返済額は左図上段の1・5％と0・75％では月1万円程度変わってきます。毎月のレベルで考えたら決して小さい金額ではありません。

しっかり計算して決めましょう

非常に当たり前の話で恐縮ですが、ざっくりでも自分で計算するようにしてください。住宅金融支援機構のホームページの中の「返済プラン比較シミュレーション」で計算できます。

シミュレーションをご自身でして、例えば左図のケースでいえば、「上がっても5％で200万程度ならしばらく変動でいってみるか」とか、「月の支払いが1万以上上がったらもう教育費に影響出そうだから固定で」といった具体的な費用で考えるようにしてください。

販売資料で使われているのはほぼ変動金利

変動金利の方が固定金利より低金利なので、こちらを使うほうが月々の返済額を低く見せることができます。

シミュレーションしてみよう

借入額2800万円　返済期間35年　元利均等返済の場合

ずっと金利の変動がなかった場合

固定金利型	変動金利型
金利一定 総返済額 **3601万円**（月々85731円） 金利1.5%	金利一定 総返済額 **3184万円**（月々75819円） 金利0.75%

変動金利のほうが有利！

金利が10年ごとに1.5%ずつ上がる場合

変動金利型：0.75%→2.25%→3.75%→5.25%　総返済額 **3824万円**

金利0.75%からスタート！

固定金利が若干有利！

金利が10年ごとに0.1%ずつ下がるとした場合

変動金利型：0.75%→0.65%→0.55%→0.45%　総返済額 **3145万円**

金利0.75%からスタート！

変動金利のほうが有利！

金利が上がるか下がるかは誰も予測できないが、自分なりに計算をして決めるようにしましょう。何より安心して返済していけることが大事です。

まとめ

どっちが有利かは将来の金利の動向によるが、予測は難しい。自分でシミュレートして具体的な金額でリスクを把握しておきましょう。

Section 04

元利均等返済と元金均等返済

住宅ローンの返済方法で決めなければならないものとして、固定金利か変動金利かのほかに元利均等返済にするか元金均等返済にするかがあります。

それぞれメリット、デメリットがある

まず両者の仕組みを知っておきましょう。まず元利均等返済です。こちらは借入総額と当該期間の利息を合計して、「毎月支払う額」が一定になるように調整したものです。もう一方で、元金均等返済は「毎月支払う元金の額」を一定にして、残っている元金にかかる利息を足していくものです。いずれのタイプも最初は借り入れている元金が多いため、最初の利息割合が大きくなっています。元利均等返済の最大のメリットは毎月の返済額が一定であるため、ローン返済の計画が立てやすい点です。支払う金額に変動がないので、家計のやりくりを毎月考える必要はありません。

次に、元金均等返済のメリットですが、序盤からしっかり元金を返していけるということで、多少返済総額が少なくなるという点と、返済中に手放すということがあったとしても元金が減った状態で売却できるという点です。

低金利の状況下では実はそこまで差が出ない

では具体的にどれくらい差が出るかということになります。左の図の真ん中を見ていただくといいかと思いますが、このケースの場合、最終的な総額としては35年で63万円しか差がないということになります。この例の1・5%の金利で長期固定金利の場合は、どちらを選んでも総額ではそんなに差はありません。元利均等返済を選択してのちに説明する「繰り上げ返済」で調整すればいいとも考えらえます。ただし、これが金利3%となると差が大きくなってきますので注意ください。

不動産広告では主に元利均等返済を利用
このため元金均等返済の試算が欲しい場合は金融機関や不動産会社に相談してみましょう。

元利均等返済·元金均等返済　それぞれの特徴

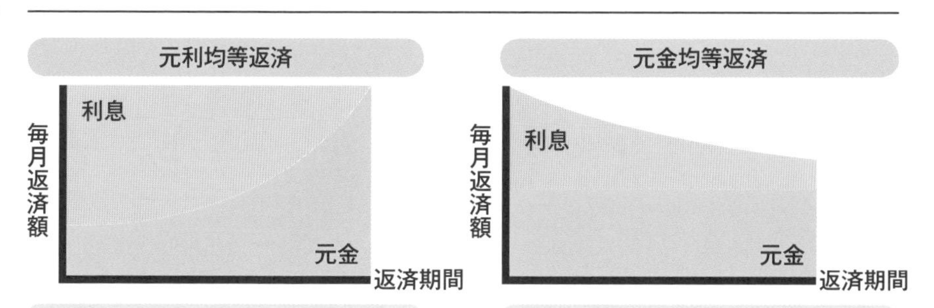

元金と利息の合計が毎月均等になるように調整。ただし返済当初は利息の割合が多いため元金は減りづらい。

元金が均等のため返済当初は利息分毎月の支払いは大きいが、徐々に返済額は減っていく。

●2800万円を借り入れた場合の差額（例：金利1.5%固定35年）

優先順位	初回の返済額（月）	返済総額
元利均等返済	8万6000円	3600万円
元金均等返済	10万2000円	3537万円
	当初約1.6万円の差	総額で63万円の差

- **元利均等返済は返済額は一定。当初は利息割合が高く、返済開始当初は元金がなかなか減らない。**
- **元金均等返済は当初の返済額は多く※、最終的に支払う利息は少ない。また元金の減り方は一定。**

※このため、借入可能額もやや少なくなる。

まとめ

元利均等返済は「毎月支払う額が一定」、元金均等返済は「毎月支払う額は徐々に減る（元金一定で利息分が減）」。低金利下ではさほど差はない。

Section 05

ミックスローンという手

固定金利型と変動金利型まるまるどちらかを選ばなくていけないわけではありません。金利の形や期間を組み合わせるミックスローンという手を使うことも可能です。

ライフプランに合わせて住宅ローンを組み合わせる

ミックスローンというのは、複数の住宅ローンをミックスすることで、自分にあった形にしていくことです。例えば、左の図では7割を35年固定金利で返済し、3割を変動金利10年で返してしまうという形です。これは、例えば子どもがまだ小さくて、教育費がかからないので、中学生になるまでの10年間は厚めに返して、その後はゆったりというような形です。向こう10年金利がそこまで変わらないだろうと思えば、より金利の低い変動金利で返していけるというメリットもあります。

ミックスローンについては、異なる金利タイプをミックスすることもできますし、同じ金利タイプで複数組むということもできます。例えば3年固定ローンと10年固定のローンといった形です。

また、期間についても変えることができる場合もありますので、諸々組みあせてより自分にフィットした住宅ローンを作っていくのがよいでしょう。

固定金利に変動金利を組み合わせるメリットとは

変動金利は「金利が上昇したら危険」ということを言う人が時々います。それはそれで正しいのですが、変動金利はその時点では固定金利型より基本的に金利が低いので、「元本が減るのが早い」のです。

元本が減っていれば、金利が上昇しても支払う利息は少なくなるといった大きなメリットもあるので、一定期間にある程度短期間で元本を減らしたいという時に組み合わせると効果的です。

ミックスローンの扱い

金融機関よって扱ってなかったり、扱っていてもやれることが違っていたりします。事前に金融機関に確認しましょう。

ミックスローンとは

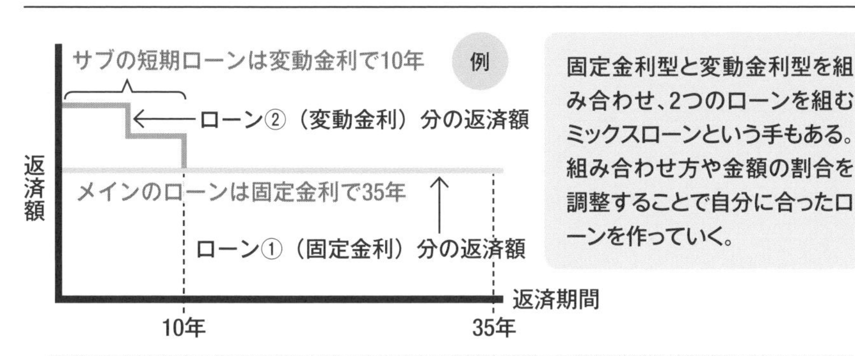

固定金利型と変動金利型を組み合わせ、2つのローンを組むミックスローンという手もある。組み合わせ方や金額の割合を調整することで自分に合ったローンを作っていく。

- **金利タイプのミックス……固定金利型と変動金利型でミックス**
- **期間のミックス……返済期間10年と35年のミックスなど**
- **金利×期間のミックス……上記2つのかけ合わせ**

ミックスローンは銀行によって扱いが変わるので確認しておくこと！

各金融機関のミックスローンの扱いは大体右の4パターンのいずれかが多い

契約	費用	期間ミックスできるか
❶2本	2本分	できる
❷2本	1本分	できる
❸2本	1本分	できない
❹1本	1本分	できない

まとめ

ミックスローンを上手に使えばライフプランにより合ったローン返済を実現できます。ただし金融機関によって内容や扱いが違うので要確認。

Section 06

夫婦で受けられる住宅ローン控除

共働きの家庭で、夫婦それぞれ所得税・住民税を払っていれば、住宅ローン控除も両者で受けることが可能です。ただし、それを行うためには事前にローンの組み方を検討しておく必要があります。

夫婦で申し込む場合の3つの型

金融機関にどういう形で返済するかによって、夫婦それぞれで住宅ローン控除を受けられるかどうかが変わってきます。夫婦で返済していく形としては3つの型があり、それぞれ特徴があります。

①連帯保証（左図では便宜上メインの債務者も所有権も夫側としています）

連帯保証は、主たる債務者が1人いて、それに対して連帯保証人という何かあった場合には肩替わりしますという存在を立てる形です。この場合は、金融機関からお金を借りているのは1名なので、債務者のみが住宅ローン控除を受けることができます。

また、住宅の所有者はその債務者1人となります。

②連帯債務

連帯債務は、夫婦それぞれが借り入れた額の全額の債務を負うという形です。この場合は一緒に返すということで、債務者は2名。それぞれが住宅ローン控除を受けられるということになります。

ただし、それぞれが年末のローン残高全額の1％の控除が受けられるわけではありません。基本的にローン残高に持分の割合をかけてその分の控除が受けられるという形です。

③ペアローン

ペアローンは夫婦別々にローンを組み、それぞれの分の債務を各自負うという形です。債務者は2名なので、両者共に住宅ローン控除を受けることができます。控除はそれぞれの年末の住宅ローン残高の額に応じます。

夫婦で返済する三つの型

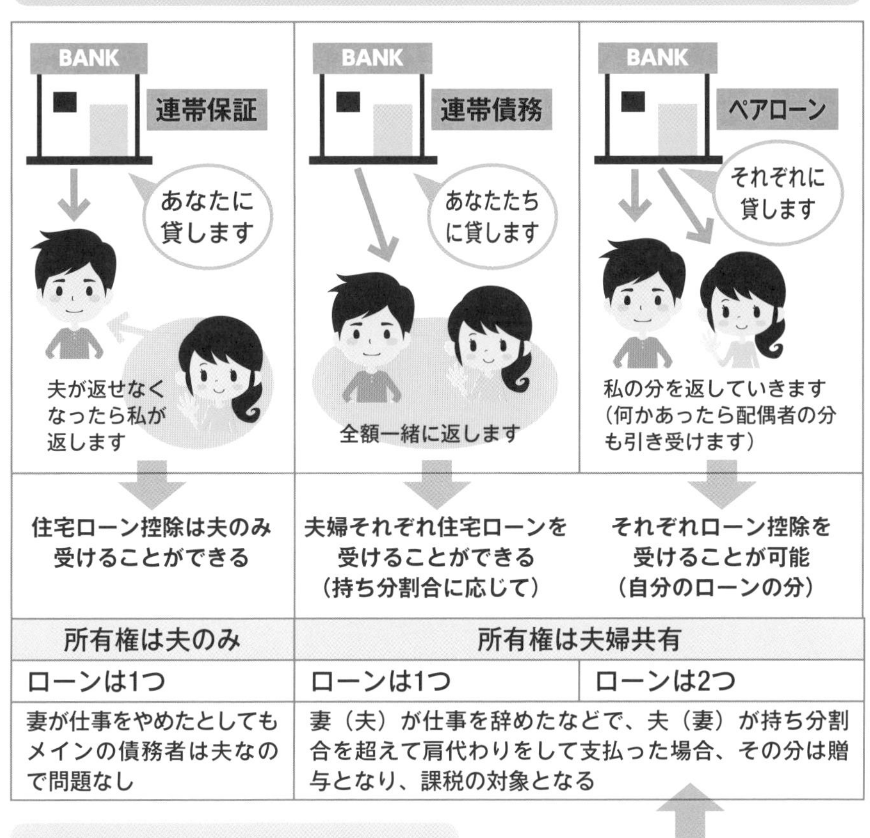

所有権は夫のみ	所有権は夫婦共有	
ローンは1つ	ローンは1つ	ローンは2つ
妻が仕事をやめたとしてもメインの債務者は夫なので問題なし	妻（夫）が仕事を辞めたなどで、夫（妻）が持ち分割合を超えて肩代わりをして支払った場合、その分は贈与となり、課税の対象となる	

出産などで仕事を辞める可能性が高い場合は、連帯保証がいいなどがあるので、ペアローンはライフプランに応じて検討すること

また、この場合、妻（夫）の住宅ローン控除は消え、夫（妻）分のみの控除となる

まとめ

連帯債務、ペアローンであれば、夫婦それぞれで住宅ローン控除OK。ただし一人が仕事をやめるとその持ち分の控除が受けられなくなる点に注意を。

Section 07

複数名で借りるメリット・デメリット

債務者（借りる人）を複数に分ける場合、条件が金融機関ごとに違ったりしますので、金融機関にしっかり希望を伝えて、条件をよく確認するようにしてください。

夫婦でやる代表的なもの、ペアローン

夫婦で収入を合算したり、連名で借り入れをすることでより融資を受けやすくすることができます。また、夫婦それぞれの事情に合わせた別タイプのローンを組むことが可能です（前の項目参照）。

まず、ペアローンですが、これは夫婦別々にローンを組むパターンです。このパターンのメリットは、なんといっても住宅ローン控除が2人それぞれ受けられるという点です。ただし、逆に2本別のローンになるので、2本分の経費がかかりますし、1人が死亡しても、もう1人分のローンは残ります（団体信用保険加入の場合）。

一方ペアローンでなく、主たる債務者は1人として収入合算をするという手もあります。この場合は住宅ローン控除は一人分しか効かないものの、2人分の収入で計算されるので融資は受けやすいという特徴はそのまま残り、主たる債務者が死亡した場合にはすべてローンはなくなります。デメリットとしては、連帯保証人となる人は住宅の保有分はないにも関わらず、万が一債務者の返済が滞った場合は返済義務を負うということです。

親子でリレーをするという手も

同居などの条件はありますが、親子でもペアローンなどは可能です。これに加え親子の場合は「親子リレー」という形式もあります。

通常の住宅ローンは申し込みの年齢は70歳未満であることが条件なことが多いのですが、この形式の場合、子供の年齢で判定することになります。

親子リレー方式
どの金融機関でも取り扱いがあるわけではありません。また親子の収入合算のしかたも夫婦の場合と違うので事前確認が必要です。

複数名でローンを組む代表的なもの

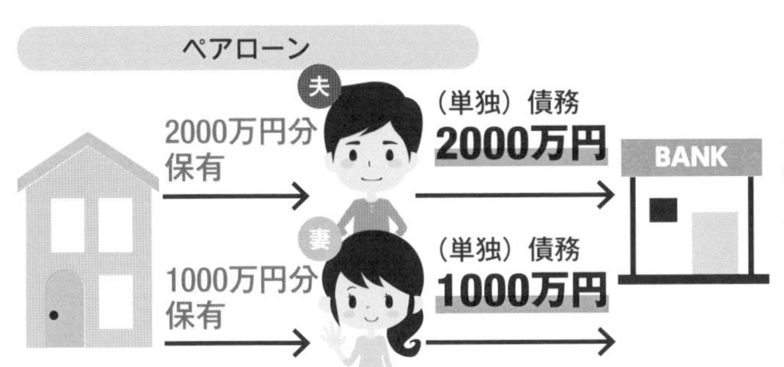

メリット：住宅ローン控除が夫も妻も受けられる

デメリット：2本の融資なのでその分の費用はかかる。また、持ち分の比率を間違うと贈与とみなされることがある

※それぞれ単独債務ではなく両者で総額の債務を負う連帯債務という手もある

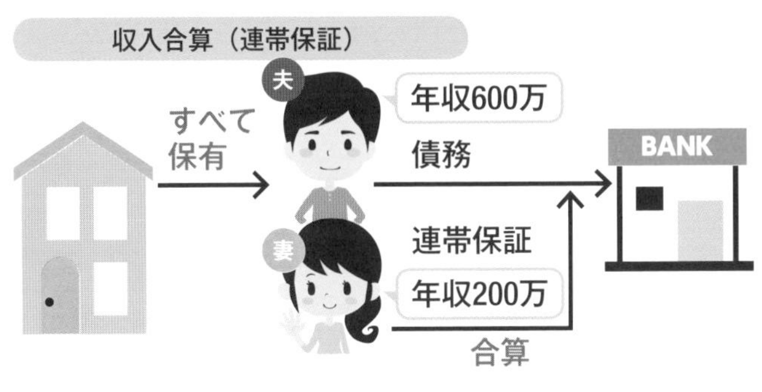

メリット：夫婦合算で融資を受けることができる。主債務者が死亡した場合などは借入金がなくなる。※団体信用生命保険加入の場合

デメリット：妻は保有分がないが返済が滞った場合は妻に返済義務が生じる

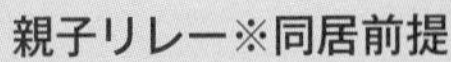

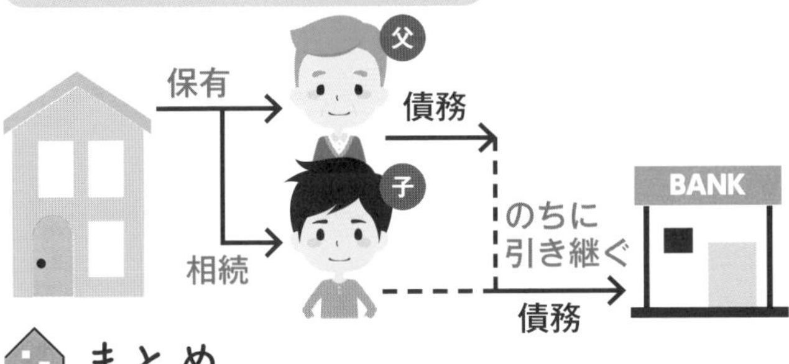

メリット：親の年齢でなく、子の年齢でローン返済年数を考えられるので借入期間を長くとれる

デメリット：親子合算の収入額の計算が金融機関によって違うので、思った金額が借りられない場合がある

まとめ

夫婦や親子で一緒にローンを組むことは可能。ローンの組み方で各自の債務が変わるのでしっかり事前に確認しておきましょう。

Section 08

諸費用を含む住宅ローン総額で比較しよう

住宅ローンを借りるということにも諸費用が発生します。中でも保証料は大きな額になる場合があるのでそこも含めた総額で比較しましょう。

金利だけでなく諸費用込みの総額をみる

住宅ローンの諸費用で大きなウェイトをしめるのが保証料です。これは、もしも毎月の返済ができなくなってしまった場合に保証会社が代わりに金融機関に返済をするというものです（保証会社が発動する状況になった場合の詳しくはチャプター9で詳しく説明します）。この保証料は額が大きいのですが、金融機関によって「一括払い」だったり、「借り入れの金利に含む」だったり、「保証料は不要」だったり扱いが違います。

左図のように金利が安くても、保証料を加えた最終的なコストは実は割高だったというようなことがおきます。このため、住宅ローンを評価するためには、総額を計算しておく必要があるのです。

主な諸費用を足して総額を出してみる

左図の下部に主な諸費用の項目を記載しました。このA＋B＋Cを計算することで住宅ローンの比較ができると思います（巻末付録⑨も利用ください）。

Aの事務手数料ですが、こちらは定額制だと数万円で済む場合が多いですが、定率制のところだと借入金額の数％という場合があります。Bの保証料は上記に書かせていただいた通りで、差が大きいです。Cの団体信用生命保険については、詳しくは次のチャプター6で説明しますが、債務者がなくなったりした場合には、以降の返済が不要になるという制度です。こちらも保証料同様に「一括払い」の金融機関もあれば「不要」や「借り入れの金利に含む」という 金融機関もあり、金額の幅も大きいので確認しておきましょう。

諸費用を含めた総額を比較

金利だけでなく、諸費用を含めた総額で比較する

●借入額2500万円　借入期間35年（元利均等返済･毎月払いのみ）のケース

A	B
金利 1.5% 保証料一括払い	金利 1.6% 保証料不要
返済総額 3215万円 ＋ 保証料 55万	返済総額 3267万円
3270万円	3267万円

保証料によっては金利の高いBのほうが総額が低い場合もある

●住宅ローンにかかる主な諸費用

Ⓐ事務手数料

Ⓑ保証料

Ⓒ団体生命信用保険費用

返済総額＋Ⓐ＋Ⓑ＋Ⓒの総コストで比較しよう！

返済総額→（毎月の返済額×12か月＋ボーナス払い年額）×返済期間（年）

まとめ

金融機関によっては一部の諸費用が金利に含まれていたりして、金利だけでは比較できない場合がある。諸費用を含む総額で比較しましょう。

Section 09 事前審査を出す

事前審査の意義などは既に説明していますが、実際に事前審査はどういった手続きを踏むでしょうか。いったん窓口がどこで、どういった書類が必要かだけ知ってもらえれば大丈夫です。

事前審査の窓口となるところ

不動産会社に任せてしまう場合は、必要なものを提示されるので、基本的には要求された書類を出せばそのまま審査に出してもらえます。基本的には左図の下部分にある書類です。また、自分で金融機関を探す場合は、ネット経由で事前審査をする金融機関もありますし、店頭で受付するところもあります。窓口で話しながら依頼をしたい場合は、金融機関の住宅ローン窓口に出向いて審査依頼の申請書などを受け取って審査に出すようにしましょう。

事前審査については、複数のところに出しても問題ありませんし、物件が決まってない状態で出しても構いません。自分が借り入れられる金額がどれくらいか微妙という人は、物件を探す前にどれくらいの金額が借りられるか調べる（＝探す物件の金額の上限を知る）のに使うことも可能です。

ただし、あまりに事前審査に出しすぎると、多くの金融機関があなたの信用情報にアクセスしているということで怪しまれることも考えらるのでほどほどにしましょう。

主にみられているのは返済できるかと個人の信用情報

事前審査で見られるのは、基本的にその人が希望物件の借入額を返済できそうな収入がある人かどうかと、個人信用情報という金融の取引履歴の確認です（延滞歴や自己破産歴など）。概ね（おおむね）このレベルなので、逆にことまったく関係ない書類を要求されて「おかしいな」と思ったら理由を聞いて本当に必要かどうか確認してください。

事前審査

●事前審査をしたいと思ったら

自分で探す	不動産会社に任せる

どちらもOK

物件が決まってなくても、自分がどれだけ借入できるかを知ることも可能

事前審査に必要な書類

書類	入手先
事前審査申し込み書	金融機関から
個人情報取扱の同意書	金融機関から
本人確認書類（免許証・パスポートといった写真付きのもの）	ー
源泉徴収票（主に給与所得者）/確定申告書（主に自営業者）	会社や税務署
登記簿謄本などの物件資料	不動産会社

何社かに出すなら複数用意しておきましょう。

まとめ

不動産会社を通して金融機関に事前審査を頼むことが可能だが、自分で自分で書類を準備して自分で金融機関を探すことも可能。

Section 10

本申し込みと本審査、金銭消費貸借契約

事前審査で借り入れが大丈夫そうか、借り入れの条件などを知らされていると思います。ここから不動産会社と売買契約を結び、同時に本審査の申し込みをします。

本審査で見られることと注意点

本審査は、事前審査より金融機関も多くの観点で確認します。事前審査になかった、借り手の健康状態や物件がどれくらい担保価値があるかの評価や適法性といったものも見られるようになります。このため審査に数週間、長いところでは1か月かかるケースもあります。

売買契約において融資決定の期日がありますので、借り手側で準備するものも遅延なく手配する必要があります。本審査で提出する準備物には、行政機関から受け取るものもありますので、平日に動ける時間が必要になることなどを見込んでおきましょう。

また、事前審査で出した金額より本審査で高い金額を出した場合は、再度事前審査からやり直しとなってしまうので、注意しましょう。なお、審査にかけた後、融資までの間に新たなローンを組むなどといったことは、借り入れの条件が変わることになるのでこちらも避けましょう。

金銭消費貸借契約について

「金消（きんしょう）」と略して話されることも多いのですが、実際にお金を借りる契約になります。この契約を結ぶまでは金融機関に対してキャンセルすることが可能です。違約金などの支払いも生じません。

また、この金銭消費貸借契約のタイミングで重要なのが、借り方の決定です。固定金利にするか、変動金利にするかといったことです。借り方は事前にしっかり検討して決めて、ここで意思確認すると考えておいてください。

本審査から金銭消費貸借契約の流れ

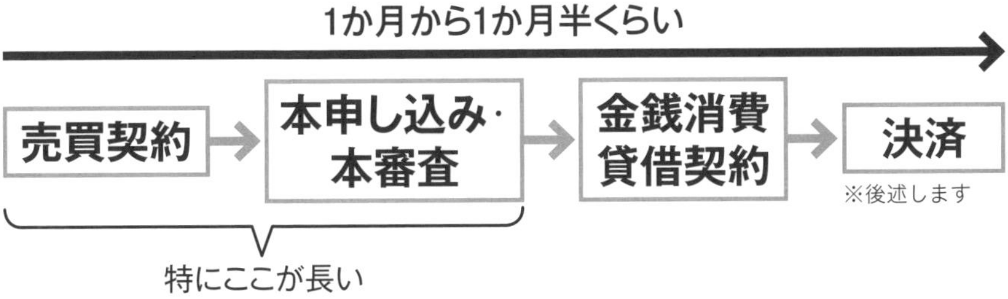

1か月から1か月半くらい

売買契約 → 本申し込み・本審査 → 金銭消費貸借契約 → 決済

※後述します

特にここが長い

●本審査の注意点

❶役所で取らないといけない書類が増える。また、融資を期日に間に合わせるために時間に余裕をもって書類を用意しておくこと。（住民票や印鑑証明など）

❷事前審査より借入希望金額を減らしてもいいが、増やしてはいけない

❸審査に入った後から条件変更をすると最悪の場合、中止や取り消しになることがあるので、例えば新しく自動車ローンを組む、転職をするといったことは控える

本審査では事前審査ではあまり見られなかった購入する「物件」についての審査や、借りる人の健康状態なども見られます。このため数週間かかるケースが多くなります。

金銭消費貸借契約

- 本審査が終わった後に契約を結びます。ここより前であればキャンセルが可能なのでここまでに金融機関を確定させる。
- 借り方（固定金利にするか変動金利にするかなど）をここで確定します。

まとめ

本審査は時間がかかるので書類の提出などは早めに準備。提出後は提出前と条件が変わらないように注意しましょう。

Section 11

フラット35について

これまで主に一般的な民間の金融機関の融資を軸にお伝えしてきましたが、仕組みが若干違うのがフラット35です。メリット、デメリットを理解しましょう（巻末付録①も利用ください）。

住宅金融支援機構が行う全期間固定金利型ローン

様々な金融機関が窓口となっていますが、どこを窓口としても住宅金融支援機構が行う融資であるというのが基本的な仕組みです。金融機関は自社の住宅ローンと並行してこのフラット35も取り扱っているということになります。

特徴としては、借り手の収入の安定性を民間金融機関ほど重視しないので、自営業者などが借り入れしやすいです。また、保証料・連帯保証人不要、繰り上げ返済手数料無料といったものがあります。

デメリットもあり、窓口となる金融機関によって、金利や手数料などが変わってくること、また購入する住宅にある程度の大きさや耐久性が求められます。

大きな注意点としては、事前審査を民間の金融機関が行い、最終的な本審査は住宅金融支援機構が行う形なため、本審査で結果がひっくり返ることがあるということです。また、保証料はかからないのがメリットではあるのですが、その分事務手数料が融資金額の1～2％というような所もあるので、トータルコストでみると実は多くかかってしまう場合があることです。

適合証明書の費用

適合証明書は、誰でも作成することができないので、建築士事務所や設計事務所にお願いすることになります。費用にばらつきがありますが、大体マンションで5万程度、戸建で10万程度が相場です。

また、規定の技術水準に達していることが証明できればさらに金利の優遇のあるフラット35Sが狙えますので新築の方は事前に技術基準を確認しましょう。

適合証明書
フラット35を利用するには建物が住宅金融支援機構が定めた技術基準に適合していることを証明する必要があります。

フラット35（細かい条件等は巻末付録①参照）

フラット35は住宅金融支援機構が民間の金融機関を通して提供する全期間固定金利型の住宅ローン

このため、金融機関で事前審査が通っても、本審査は住宅金融支援機構が行うのでひっくり返ることもあることに注意！

メリット

- 正規雇用でなければ借りられないといったことがなく、融資対象が幅広い
- 保証料・連帯保証人不要
- 財形住宅融資との併用可能
- 繰上げ返済手数料無料

デメリット

- 金融機関によって金利手数料が違う
- 借入対象の住宅は、定めている技術基準に適合している必要がある（証明が必要）
- 融資実行日が定められているので、譲渡日によってはつなぎ融資が必要なことがある

さらに省エネルギー性、耐震性といった形で質の高い住宅を取得する場合は、金利を一定期間引き下げるフラット35Sもある。

フラット35S（金利Aプラン）当初10年	金利 年−0.25%
フラット35S（金利Bプラン）当初5年	

まとめ

利用するには住宅の大きさなどの基準を満たしているかを確認（巻末付録①参照 P207）。また民間の一般的な住宅ローンと制度が一部違うのでトータルコストで考える。

Section 12

手付金とローン特約

事前審査がおりると、売買契約を結び同時に本審査を受けることになります。この売買契約の時に「ローン特約」をつけるケースがほとんどです。どういったものか理解しておきましょう。

ローン審査に落ちた場合は契約を白紙にできるもの

ローン特約とは「住宅ローン審査が通らず契約不成立の場合は売買契約を解除することができる」というものです。これがあるために、審査が通る前に売買契約を結ぶことができるのです。また、売買契約の際、手付金を払うのが一般的です。相場は物件価格の5〜10%程度ですが、この金額は売主それぞれの考え方になりますので、確認しておきましょう。中には一律100万というような場合もあります。もちろんあくまで手付ですので後で支払いは物件総額から手付金を引いた費用を支払うということになります。

売買契約の際、ローン特約期限というのを設けると思います。この日までにローンの可否を金融機関に決定してもらわねばなりませんので、その期限までに返事できるよう、金融機関に申し込みをする必要があります。もし、予定より審査がずれ込んで期限に間に合わなさそうな場合は、不動産会社に延長の手続きを依頼をして、合意書を作成するようにしてください。

金融機関から期日内にローン否決の連絡が来た場合、その旨を売主に伝えてキャンセルの手続きを取れば、契約は白紙になり、手付金も戻ってきます。この際重要なのがきちんとキャンセル連絡をすることです。

常にローン特約があるかを確認を

「提携ローン」の場合はローン特約はOKだけど、自分で金融機関を探す場合は、ローン特約はだめと売主側が主張する場合もあります。ローン特約がないと後々大きなトラブルになる場合もあるので、常に確認するようにしましょう。

ローン否認の連絡がきたが不動産会社に連絡を怠った場合
期限をこえると手付金は戻りません。さらに放っておくとさらにキャンセル費用などがかかる場合があります。

ローン特約とは

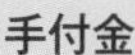

相場は物件価格の10%といわれているが、売主と相談で金額は変えることは可能。

タイミングとしては事前審査が下りて売買契約の時期

売主

ローン特約

健康状態で問題があったり、ほかのローンによる債務超過などがあったりした場合

売買契約 → 決済

ローンだめ！

銀行

ローン特約期限

ここまでに返事が必要！

この場合……

契約をなかったことにできるので、キャンセルして手付金を戻してもらうことができます。必ずキャンセルの意思を伝えること。※ローンが通らなかったら自動キャンセルになるわけではありません。

ローン特約期限までに金融機関から返事が来ない場合は延長の相談を売主さんとしましょう。また、ローン審査が通っているにも関わらずキャンセルしたり、何の相談もなくローン特約期限を超えてキャンセルとなると自己都合キャンセルになり、手付金は戻りません。

まとめ

ローン特約は審査に通らなかった場合に契約を白紙にできるセイフティネット。ローン否認連絡が来たら速やかにキャンセル連絡を。

Section 13

審査の落とし穴

本審査では事前審査より個人の情報の精査するということと、物件の審査を行うということをお伝えしました。それぞれ審査でＮＧになるケースの注意点を知っておきましょう。

個人信用情報で事故などが無いよう注意しよう

住宅ローンの審査の際に、金融機関に個人情報利用の同意書を提出すると思います。この同意書を元に金融機関は個人情報登録機関にこれまでの借り入れ情報や遅延履歴などを問い合わせます。ここで大きな事故情報などがあった場合、ローン否決ということが起こりえます。意図しない事故履歴で代表的なものに携帯電話（スマホ）の割賦契約があります。現在、携帯電話本体の代金を分割して通信料金と合わせて毎月支払っている人も多いと思います。例えば、コンビニ支払いを選択している場合で、支払い期日より入金が過ぎてしまうと、この場合ローンで買っている本体の支払が遅延したということになります。金額としては大したことがなくても履歴としては残りますので注意です。

違法や既存不適格の物件には基本的に融資不可

金融機関は物件の担保価値を調べますが、担保価値として著しく低くなるのが、違法物件や既存不適格物件です。このため、こういった物件では住宅ローンはほとんど組めません。

既存不適格というのは、昔は定められてなかったので問題なかったが、現在の基準では建築基準法を満たしてないというものです。違法、既存不適格のいずれにしても現在の建築基本法を満たしている必要があります。代表的なものを左のページに出していますので、参考にしてみてください。

なお、「全部更地にして土地として買って、今の基準に沿った建物を新築する」場合には問題はありません。

審査の落とし穴2点

個人信用情報に注意。特に携帯電話！

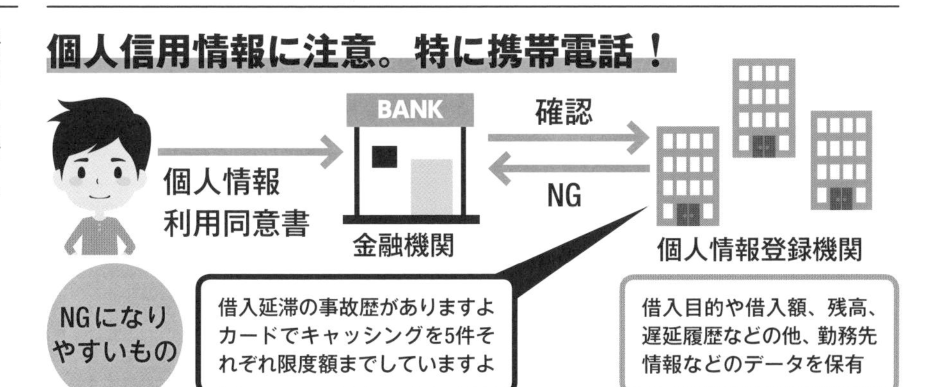

個人信用情報の落とし穴（注意点）

❶無駄なクレジットカードは解約しておく（カードに付帯するキャッシング枠上限まで借入できるので、実際に借入がなかったとしても借入しているとみなされることがあるため）

❷携帯電話の本体代金を分割している場合、うっかりコンビニ払いで返済が遅れたりしないようにする。（本体がローンとなっているので、ローン遅延とみなされます）

物件が違法・既存不適格になってないか注意

●代表的なもの

建ぺい率オーバーのもの
本当は土地面積の60%までしか家を建ててはいけないのに、土地の限界を超えて家が建っている

容積率オーバーのもの
本来土地の150%までの床面積までしか認められていないのに3階建てに増築して土地に対して200%の床面積になっている。

接道義務違反のもの
必要な面積分道路に接していない

基本的に再建築不可の物件は一般的な金融機関の住宅ローンの審査は通らないことが多いです。

まとめ

金融機関は個人の借り入れの情報を調べることができます。住宅ローン以外でも滞納や遅延がないようにしておきましょう。

Section 14

契約から決済まで

金融機関を決めて、本審査が通り、目的にあった借り方が決められれば、後は基本的には求められる書類を出していけば進んでいきます。その中での注意点をまとめておきます。

金銭消費貸借契約での注意点

契約時には「住民票」「印鑑証明書」「本人確認証」「収入印紙」「売買契約書」など、準備する必要書類が多くなります。この際にちょっと慣れないと思われるのが「新住所での住民票・印鑑証明」です。

まだ引っ越してないからといって、登記の際にも現住所のままだと、所有者の住所が古く、購入物件と住所が違うということがおきます。引越し後に再度登記しなおせばいいのですが、二度手間になってしまうということで、一般的には新住所に先に住民票を移してしまう形をとっています。また、住民票をしっかり取ることで、この住宅ローンが「投資目的ではないよ」ということを示す役割も持ちます。

新住所の住民票の取り方としては、まず現住所の役所に転出届を出したら今度は新住所の役所に転入届を出します。その後、印鑑登録を新住所の役所で行ってください（ただし同じ市区町村内での移転の場合は不要）。

抵当権抹消登記について

基本的に決済のタイミングで、金融機関が「抵当権」を設定します。住宅購入後は住宅の所有権は買主にありますが、ローン返済まではこの「抵当権」というものがつきます。これが外れるまでその住宅を金融機関に相談なく勝手に売ったりすることができません。このため、本当に自分の自由なものにするために、住宅ローンを払い終えたら改めて、自分自身で抵当権抹消登記をしないといけないということを覚えておいてください。抵当権は自動的には外れません。

契約と決済の注意点

契約
金銭消費貸借契約
抵当権設定契約
→
決済
（所有権移転・抵当設定含む）
完了！

契約及び決済は関係者が多く調書と準備が必要

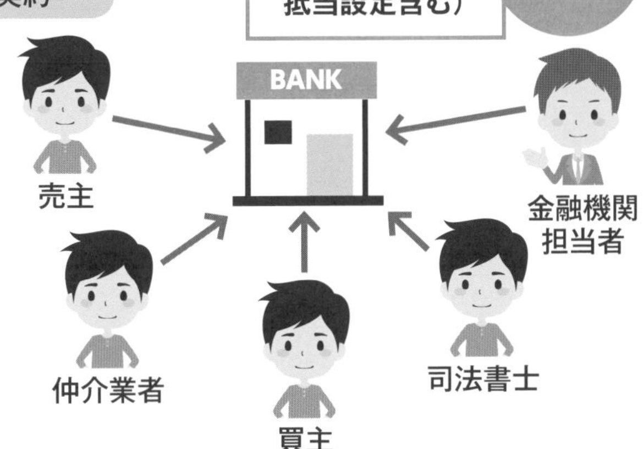

新住所の住民票と印鑑証明を準備しておく

取り方 →
❶ 現住所の役所に転出届を出す
❷ 新住所の役所に転入届を出す
❸ 新住所の役所で印鑑登録を行う（同一市区町村は不要）

抵当権設定契約

融資実行し、残金支払い・所有権移転手続き・抵当設定等を行う。これらは原則同時（同じ日）に行う

多くの関係者が一堂に会し、手続きするので不備がないようにする

将来住宅ローンを返済し終えたら必ず「抵当権抹消登記」を行うこと。自動で抹消されません。

まとめ

契約・決済では様々な書類が必要になります。特に決済日は関係者が集まり一日で手続き完了まで行うので、書類に不備がないようにしましょう。

Column

夫婦ペアローンで限界まで融資受けるというのはやってはいけない

ペアローンのリスクは何といっても離婚です。離婚というのは縁起が悪い話題ですが、住宅ローン返済が困難になった理由として、実は離婚・別居というのはTOP3に入るものです。このためリスクとして、理解だけはしてほしいと思います。

離婚問題のポイントは、「離婚をしたとしても金融機関と結んだ契約は継続する」という点です。例えば、ペアローンを組んで離婚をし、夫婦の一方が出ていったとしても、出ていった方の人は自分の分のローンはずっと返さないといけません。また、ペアローンでない場合でも、連帯保証人や連帯債務者となっていれば同様です。主債務者の返済が滞った場合は、連帯保証人・連帯債務者のところに請求がくることになります。

この問題を避けるためには、なんといっても離婚しない関係を継続するというのが大事ですが、現実は何が起こるかはわかりません。そういった備えのために、2点だけポイントを押さえていただきたいと思います。

❶なるべく値段が下がらない資産性の高い物件を購入する

みんなが欲しいというような立地、設備の物件を購入し、後で売った時にできればローン残高以上、できなくてもそれに近い額がつくような物件を選ぶ。

❷一人でも借り入れられる額のローンにとどめる

いざというときには、単独の名義で借り換えるということができるように、最初は夫婦で借りるとしても、ローンの額は一人で借りられる上限までにとどめておく。

一番たちが悪いのはペアローンで限界まで借りた場合です。2馬力分の融資を受けられるので融資額はあがりますが、それは一人で返せない額のローンとも言えます。万が一別れる事態になったら、お互いずっとローンを返済し続けることになります。

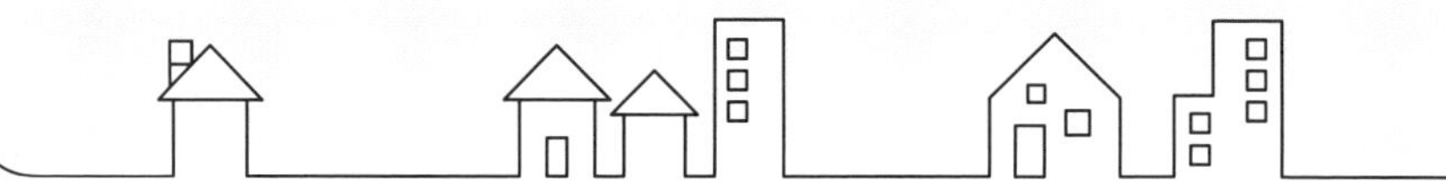

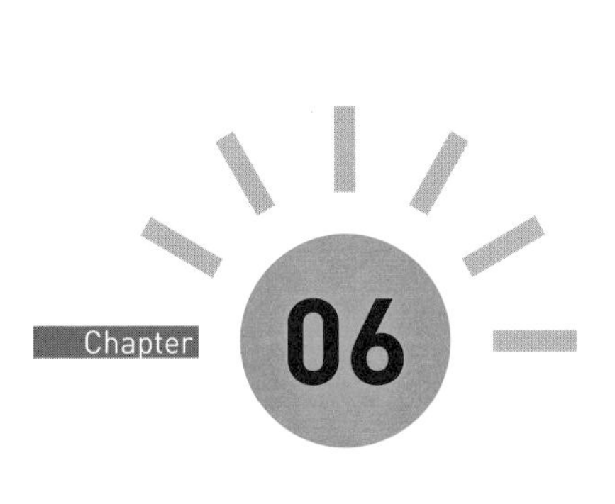

保険について

Section 01

団体信用生命保険（団信）とは

住宅ローン返済中に亡くなってしまった場合などに対応する団体信用生命保険（以下団信）というものがあります。ほとんどの民間の金融機関ではこの団信に入ることが必須です。

団信は自分と金融機関にとってのセイフティネット

団信は、住宅ローン返済中に死亡してしまったり高度障害などになった場合におりる保険です。お金を貸している金融機関も残債が戻ってきますし、融資を受けている側も返済義務がなくなるということで、両者にとってのセイフティネットにもなっています。ただし、健康状態をみて保険会社が加入を否決してきた場合は住宅ローン審査そのものが通らないということが起きますので、健康には注意しておきましょう。

民間のほとんどの金融機関でこの団信への加入が必須になっておりますが、フラット35についてはこの団信の加入は任意となっております。とはいえフラット35でも任意の「機構団体生命保険特約制度（以下機構団信）」というものがあり、死亡などの場合の備えもできるようになっています。ただし、融資契約手続き日が申し込みの締切日となっており、その後の加入はできません。

団信で保険会社から否決された場合

健康状態があまり良くないとされた場合でも諦める必要はありません。まず、「ワイド団信」の適用がうけられないか確認してみてください。一般的な団信に通らない糖尿病や肝機能障害などを患っていても金利の若干の上乗せで加入できるものです。採用しているかは金融機関によりますが、確認してみてください。また、団信の引受保険会社は金融機関によって違いますので、引受保険会社が違えば審査が通る場合もあります。団信引受している保険会社が違う金融機関に再度審査を出してみるのもひとつの手です。

団体信用生命保険のしくみ

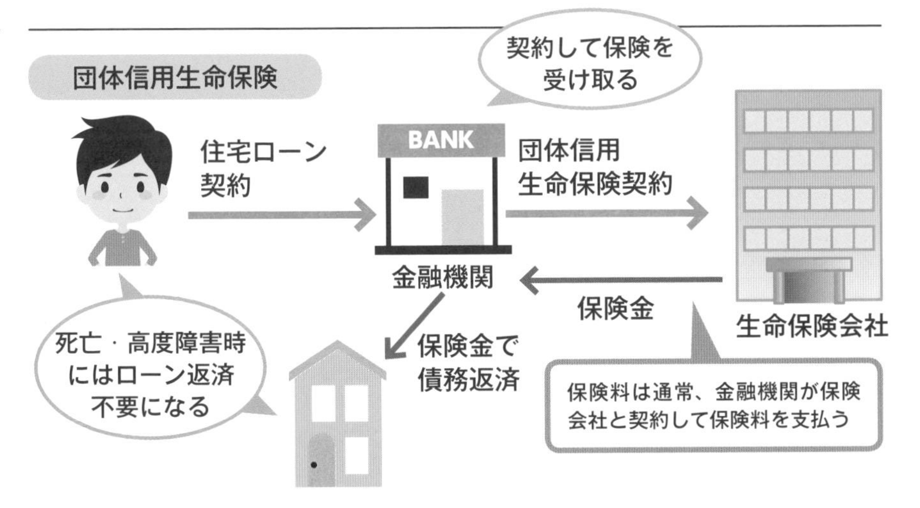

民間金融機関……基本的に団体信用生命保険の加入は必須

フラット35……団体信用生命保険の加入は任意だが、特約料自己負担する機構団体信用保険特約制度というものがある

団体信用生命保険は審査に落ちたらアウト！　だが、金融機関を変更して再トライ可能！

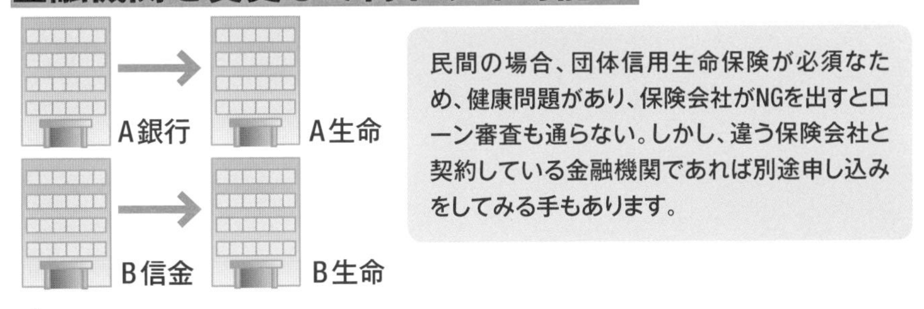

民間の場合、団体信用生命保険が必須なため、健康問題があり、保険会社がNGを出すとローン審査も通らない。しかし、違う保険会社と契約している金融機関であれば別途申し込みをしてみる手もあります。

まとめ

健康状態が悪いと団信に入ることができません。否決された場合は、ワイド団信やフラット35の検討を。

02 Section

疾病保障付き住宅ローンについて

近年、各金融機関ともなかなか金利で差がつけられない傾向が続いており、付帯する保険でも差別化を図っています。最近では8大疾病まで拡大されて選べるようになってきています。

8大疾病や就業不能保険まで枠が拡大

左の図をみていただければおわかりいただけると思いますが、保障に入る範囲はかなり広くなりました。

一般的な民間金融機関の住宅ローンでは団信の支払いは金融機関となりますが、左のページでいうガン保障以降の保障は追加負担となり、多くは金利に上乗せされます。必要かどうか自分で判断しましょう。

その時に検討いただきたいのが、すでに入っている保険の内容です。例えば三大疾病の保険に入っているという人は、既に入っている保険と住宅ローンの三大疾病の保証の内容・諸条件を比較してどちらがいいかを考えるということです。死亡やガンといったものは、告知の時点で即保険金がおりるのが普通ですが、左の図のガン保障より右側の三大疾病保障や八大疾病保障などは支払い条件が細かく定義されており、即保険金がおりるわけではありません。

保険料金利上乗せのもの、保険料外枠のもの

ポイントは、金利上乗せタイプについては、途中解約ができないということです。例えば3代疾病保障をつけ、金利に+0・3%という形になった場合、一度入ると解約できずずっと支払う形になります。逆に保険料外枠の保険をチョイスすれば、途中で解約可能です。

保険料外枠のものは疾病にかかっても保険金がおりるための条件が厳しかったり、保険金満額はでなかったり保険金が受け取りづらい構造になっていたりするので、注意しましょう。

疾病保障付き住宅ローン

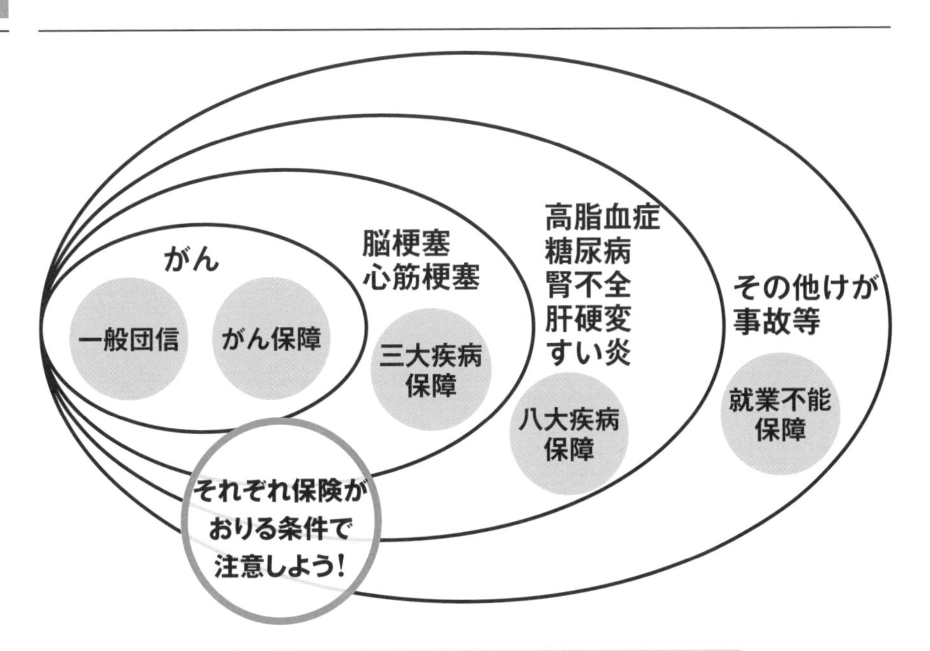

追加費用負担が必要

保険料上乗せタイプ

保険料が金利に入るタイプで、一般的に金利にプラス何%というようなスタイルです。途中解約はできません。金利に含まれる分、借入額が多いほど保険料（支払う金額）は高くなります。

保険料外枠タイプ

金利とは別で保険料を支払うタイプ。一般的に金利上乗せタイプより保険金が下りる条件が厳しくなることが多いですが、途中でやめることができるのがメリット。また、上乗せタイプより保険料は安くなることが多いです。

まとめ

疾病保障などの追加は必要性を検討。特にすでに保険に入ってる場合は、保険内容についてどちらがいいか比較しましょう。

Section 03

住宅ローンの保険とだぶらないよう保険を見直す

住宅ローンで入る団信やその他のガンなどの保障は生命保険になります。既に生命保険に入っている方にとっては部分的にだぶる部分も出てきますので、見直しをするようにしましょう。

自分の保険の保険内容を見直して、解約するか判断

既に生命保険で入っているという人は、加入している生命保険がどういう保障内容で、重複がないかを確認し、また、どちらの方がコストパフォーマンスに優れているかを検討してください（巻末付録④に保険チェックシートをつけていますので利用ください）。

また、だぶるからといって解約するかというとそうではありません。団信や住宅ローンの保険はあくまで住宅ローンをなくすための保険です。生活費は別途必要になりますし、返済が終われば保障はなくなります。

見直しのしかたとしては、例えば元々5000万の死亡保険に入っている方で、今回3000万円の住宅をローンで購入した場合、加入後すぐについては自身に8000万の保険がかかってるのと同じと言えます。

この場合、それはかけ過ぎなので、死亡保険の方を2000万に落とすようにしようといった具合です。

死亡の時期の統計

死因の過半数はガン及び3大疾病です。このようにみると、3大疾病まではつけた方がいいかなという気持ちにもなろうと思いますが、実際に亡くなる時期の統計をみると、過半数が80歳まで生存しております。住宅ローンの契約期間は長くても80までに払い終えるという形になっているものがほとんどなのと、実際は定年までに多くの方が住宅ローンを完済していることを考えると、住宅ローンでの保険を過剰に拡大しなくてもいいのかなとも思います。ただし、遺伝的に早めに出やすい疾患などがある場合は、そのカバーは検討したほうがいいでしょう。

保険の見直し（巻末付録④P212も利用ください）

既に保険に入っている場合は団信に入るタイミングで今の保険内容を見直そう

一般的な保険の種類※生存保険は除く

死亡保険（定期） … 団信でカバーできるか見直し
死亡保険（終身）
収入保障保険 ……… 団信の保障で住宅費が必要なくなった場合に、本当に必要か見直し
医療保険（定期・終身）
がん保険 …………… 住宅ローンの団信で、がん保障をつけることで見直すことができる
就業不能保険 ……… 住宅ローンで疾病付き保障などを選ぶ場合は見直し
介護保険

※ただし団信等住宅ローンの保険は、年末調整等で控除を受けられる保険料の控除は基本的にうけることはできません。

参考 死因（平成30年度　人口動態統計：厚生労働省）

悪性新生物<腫瘍>27.4%
心疾患15.3%
老衰8.0%
脳血管疾患7.9%

がんで3割、三大疾病まで含むと約5割

平均寿命
（簡易生命表：厚生労働省より）

平成30年度
男：81.25年
女：87.32年

ほぼ80歳までは生きている

団信や住宅ローンの特約はあくまで「住宅ローンをなくすための保険」ですので、完済後は保証などがなくなります。そのうえで、見直しでどれを一般の保険に残してどれを団信・住宅ローンの保険にするかしわけておきましょう。

まとめ

住宅ローンを組むにあたって、すでに加入している保険を見直しましょう。何かあった場合の生活費や、完済後についても視野に入れて。

Section 04

火災保険と地震保険について

住宅ローンを借りる際、必須なのは最低限の火災保険であり、地震保険などは任意になります。どこまでの保険が必要かを考えておきましょう。

火災保険はハザードマップなどを見て決める

住宅ローンを借りる際、最低限の火災保険の加入は必須で、その他は任意です。

当たり前ですが、この任意分も追加で費用がかかってくるものですので、必要なものをきちんと選ぶようにしましょう。左図にも書いてありますが、水辺が近いところでは水災の保障をつけるといったような形です。逆に高台で地盤が崩れるようなことがなさそうなところであれば、水災は不要でしょう。

検討の際、行政が出している地域のハザードマップは見るようにしてください。例えば、周りに水辺がない地域だったとしても、周囲より土地が低く、埋め立てたところで実は大雨が降ると水が溜まる、ということもあり得ます。

また、不安だといって保険金額なども不必要にあげないようにしましょう。災害にあってもおりる保険金は、購入金額以上になることはありません。

地震保険は入っておきましょう

地震によって火事が起きたり、津波が起きたりということは、多くの人がご存知だと思います。これらの災害は、残念ながら火災保険ではカバーできません。火災保険に水災を付けていても津波の場合は対象になりません。地震保険に入っている必要があるのです。

日本は地震大国です。地震で家が潰れても地震保険に入ってない場合は、家がなくなった上、住宅ローンは残るということになります。地震保険の一部（金額によっては全額）は所得税・住民税の控除ができます。基本的には入っておくべきでしょう。

火災保険と地震保険

火災保険　必ず入る必要あり。

基本的に購入価格以上の保険に入っても意味がないので注意!

基本

火災・落雷・風災・ひょう災　など

追加オプション

水災・漏水・外部からの落下・飛来・衝突などによる損傷や破損・盗難による損傷や破損

必要に応じてつけること。
例:水辺に近いから水災をつけておく。国道沿いだから衝突をつけておく。といった形

ハザードマップなどでチェック!

地震保険　地震・噴火及び津波といった地震を原因とするものが保障の対象

地震による火災は地震保険がなければ保障の対象外。また、火災保険の水災をつけても地震原因の津波は地震保険なしでは対象外

日本は災害の多い国なので、地震保険まで入っておくことがおすすめですが、その他不要なオプションをつけすぎないことも心得ておきましょう。

まとめ

保険における任意分については、まずはハザードマップを参考に必要なものだけ追加しましょう。また地震保険には入っておきましょう。

賢く火災保険を使うために、代理店は自分で探そう

保険の請求をした経験のある方は多くないと思います。代理店探しで重要なのはこの請求経験と実績です。不動産会社や金融機関の紹介ではなく、自分でプロの代理店を探して加入するのが有利です。

結構使える火災保険

「火災保険は火事が起きた時に使うもの」というように認識している人が多いようです。しかし、前項目で書いたように、落雷・風災・水災と広くカバーしています。また、保障対象も家の躯体だけでなく、カーポートやベランダといった家の一部も対象にできますので、案外カバー範囲は広いものとなっています（実際どこまでカバーするかは保険の契約内容によります）。

ただし、これらの修復工事で保険を適用してもらうためには、申請をして、その後に保険会社から派遣される「鑑定人」の査定を受ける必要があります。どのレベルならこの査定が通るかということをある程度知っていないと、自信を持って請求できず、時間の無駄になってしまう場合さえあります。このため、火災保険や地震保険に入る場合は「請求のコツ」がわかっている代理店に頼むようにしましょう。

保険代理店は自分で選ぼう

火災保険、地震保険に加入する際、「保険なんてどこでも差はないだろう」と金融機関や不動産会社に紹介されるがままに判子を押してしまう人も多いようです。しかし、将来自分がいざ請求する時にこちら側に有利に請求できるコツがわかっている、請求経験のあるプロの代理店を、自分で探して加入することをおすすめします。

また、ネットで直接保険会社に申し込みをすると安くなる場合もありますが、請求の際のサポートがしっかりしているところを選ぶようにしてください。

火災保険適用の例
大雪で雨どいが歪んだ、台風でベランダの一部が破損したといった場合で適用されることがあります。火災だけではありません。

火災保険の代理店は自分で探そう

火災保険は火事が起きた時に使うもの

誤解

落雷や風災、水災などをカバー（前項目参照）する。また対象も、カーポートやフェンスといった部分でも適用可能

例えば契約内容によっては大雪で雨どいがゆがんでしまったという場合にも適用される

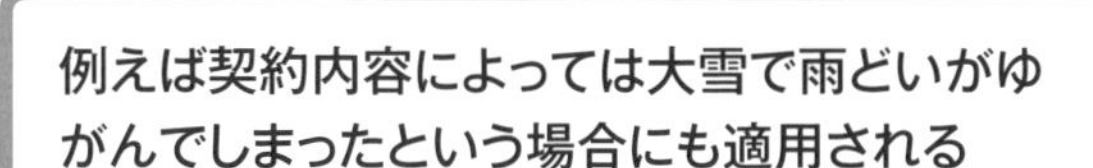

保険が適用になるかどうかは保険会社から派遣される「鑑定人」の査定による。交通事故と同じ。

何かあったときに保険を引き出す申請に慣れている保険代理店で保険に入るのが有利！

金融機関や不動産会社に進められてそのまま入っても、申請のコツなどはあまりたよりにならないのが実情なので、保険の代理店は自分で見つけることをおすすめします

まとめ

火災保険は火災以外でも使えるもの。実際に保険金を引き出す場合を考えて、請求経験豊富な代理店を自分で選びましょう。

Column

保険の見直しについて

日本人は保険が好きな国民性と言われており、平成30年度の生命保険文化センターの調査では一世帯あたり平均年間保険料が38.2万円、一人当たりの平均年間保険料が19.6万円でした。だいたい月に16000円程度保険に支払っているということになります。

保険料というのは、何もしなくても月々に一定の額が出ていくものになります。たくさん入られている場合は住宅ローンと併せると、結構な額になりますので、家計を圧迫することになります。この金額を一度減らすことができれば家計はその分、楽になります。

具体的にどういう形で見直すかですが、まずは一度ご自身が入られている、死亡保険（収入保障保険や養老保険も含む)、医療保険（がん保険、介護保険含む)、貯蓄型保険（学資保険含む）の3種類をいったん表にまとめてください。自動車の保険や火災保険はいったん省いていいです。巻末付録④P212に保険の整理のための表がありますので、そちらに書き込んでください。ご家族分ご記入ください。

書いていただくと、月にいくらくらい支払っているかわかると思います。まずこの段階で総額を足してみて、一人当たりの支払額が上記に出した平均の16000円を超えている場合、どこか払いすぎてないか見てみましょう。また、いくらもらえるのかのリターンのところや、家族間で比較して大きく差が出るところがないが確認してみましょう。同じような内容なのに、金額が大きく違い場合は、「特約」という余計なオプションに入っている可能性があります。不要な場合は削りましょう。

死亡保険についてはご家族にまだ小さい子がいる場合は大きな保障でもいいと思いますが、成長している場合はその後のお金はかからないと思いますので少ない保障でも問題ないと思います。適切なサイズの保険ということで何年かに一回は見直すことをお勧めします。

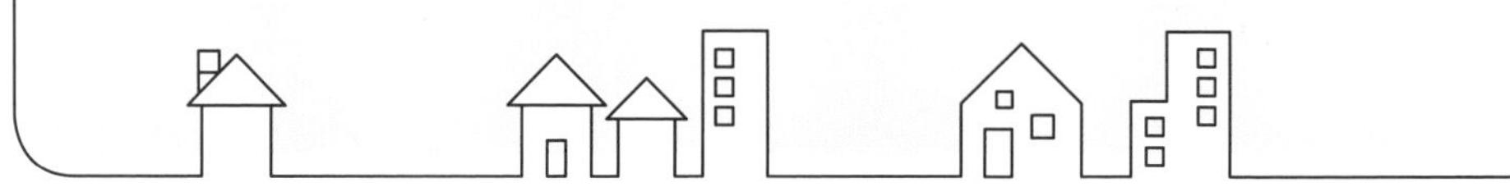

住宅ローンを上手に返す

Section 01

繰り上げ返済の基本

住宅ローンを借りる方のほとんどが利用する繰り上げ返済。最終的な総返済額を減らすことができますので、この制度を上手に使うことが非常に重要といえます。計画的に使っていきましょう。

ほとんどの人が利用している繰り上げ返済

左図を見ていただけばわかるようにほとんどの人が繰り上げ返済をして、借り入れ期間を短縮しています。

繰り上げ返済というのは、定期的な返済（一般的には毎月の返済）とは別に、臨時に追加で返済する仕組みです。本来ならばのちに返済するお金を繰り上げて返済するという意味です。

繰り上げ返済の大きな魅力

この制度が使われる理由は「定年前に返済してしまいたい」であったり、「返せるうちに払ってしまいたい」であったりと様々ではありますが、この制度の最大のポイントは、繰り上げ返済した金額はすべて元金の返済に当てられるということです。

元々毎月の返済額というのは、借りたお金（元金）に加えて、借りている期間に応じた利息が乗っているものです。しかし、この繰り上げ返済については、すべて元金の返済に充てられるので全体の利息を減らすことができ、最終的には返済総額を減らすという効果が望めるということです。

100万円を30年、金利1・5％で借りたら、利息で約25万かかってしまいます。逆に言えば、早い段階で100万円を返してしまえば、この利息分25万が減るということです。早めに元金を減らすことは後々金利が上昇した場合のリスクを減らすことにもなります。元金が少なくなれば金利が上がっても返済額はそこまで上がらないからです。非常にメリットがあるということで多くの方が利用しているのです。

繰り上げ返済のメリット

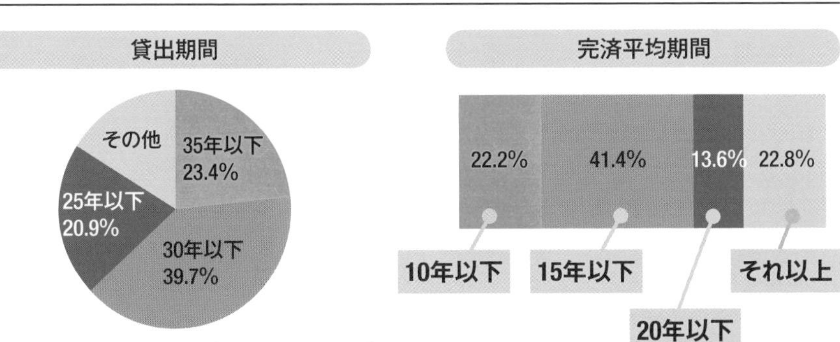

住宅ローンの貸出動向調査（住宅金融支援機構）

借りるときは30年位で借りているが、実態としては8割程度の人は20年以内に完済している

繰上げ返済している人がほとんど

繰上げ返済とは 毎月の定期的な返済とは別に臨時で返済すること

利息 毎月の返済は利息と元金を合わせて支払っているのに対し

元金 繰上げ返済はすべて元金に充てられるので、最終的に利息も減り、返済総額を減らせるのが最大のメリット！

まとめ

住宅ローンを組むほとんどの方が繰り上げ返済をしている。繰り上げ返済分はすべて元金に充てられるので返済総額を減らすことができる。

Section 02

繰り上げ返済は2つの「型」から選ぶ

繰り上げ返済はメリットが大きく多くの方が利用していることがわかったと思います。実際に繰り上げ返済する場合、2つの型から選択をします。それぞれの特徴を理解しておきましょう。

「期間短縮型」と「返済額軽減型」

「期間短縮型」は、繰り上げ返済の額の分、返済回数を減らすもので、毎月の返済額は変わらないものです。「返済額軽減型」は、繰り上げ返済額の分、毎月の返済額を減らすもので、返済期間は変わりません。

平たく言ってしまえば、早く返して楽になるようにするか、返済額を減らして月々の家計を楽にするかです。どちらがあってるかは、最終的にはそれぞれの家庭の事情による部分があり、一概にいえません。例えば、定年が近く、早く住宅ローンを払い終えたいうことであれば期間短縮型を利用するのがいいでしょうし、逆にこれから先に子供の教育費がかかることが見えているなどがあれば、返済額軽減型のほうがあっていたりします。

返済総額の観点で見れば「期間短縮型」が良い

ライフプランを考えてもどちらか悩むという場合もあるので、「どちらのほうが返済総額が減るか」という観点でみてみましょう。

前の項目でお伝えしたように、繰り上げ返済は全額元金に充てられるので、どっちの型を選択してもその利息分の軽減効果はあります。ただ、その効果の程は若干の違いがあり、例えば2800万を1・2%で35年借り入れの場合、6年目に200万円繰り上げ返済すると、返済総額への影響は期間短縮型の方が軽減効果は高く、2つの型の間で倍の差になります。

利息分を減らして、返済総額を減らしたいということでしたら、まずは期間短縮型を選ぶ方がいいでしょう。

期間短縮型と返済額軽減型の違い

返済期間を短くする「期間短縮型」

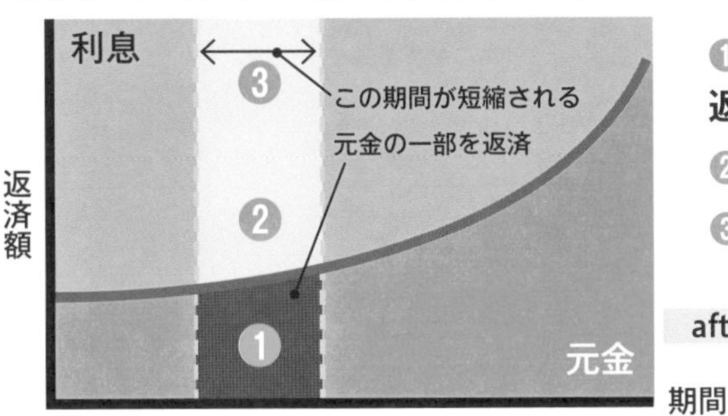

❶一部を繰上げ返済（繰り上げ返済はすべて元金に充てられる）

❷ここの部分の利息がなくなる

❸この期間が短縮される

after

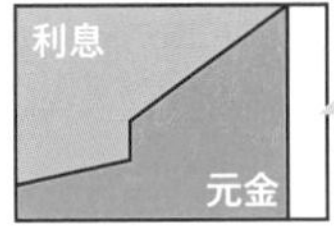

毎回の返済額を減らす「返済額軽減型」

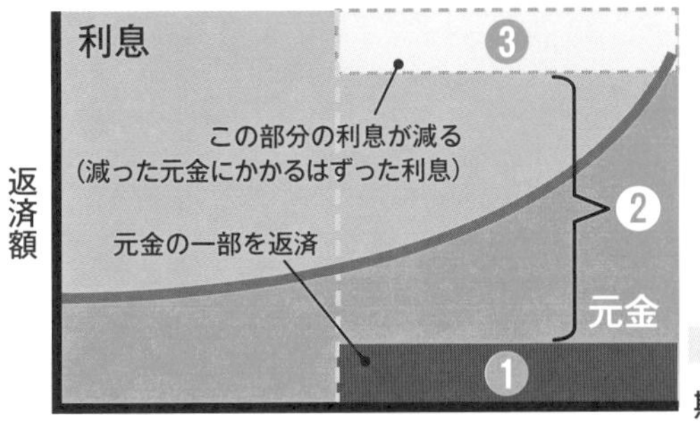

❶一部を繰上げ返済（繰り上げ返済はすべて元金に充てられる）

❷返済額が少なくなる

❸この利息がなくなる（元金を減らした分）

after

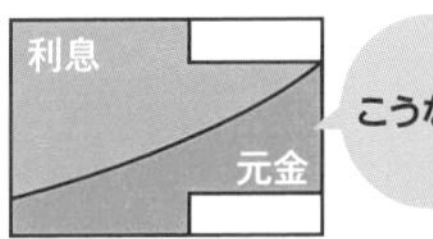

どちらの型が返済総額を減らしやすいか

2800万円借り入れ、金利1.2%、35年返済　6年目に200万円繰上げ返済した場合

期間短縮型なら	約80万円返済総額を減らせる
返済額軽減型なら	約40万円返済総額を減らせる

← お得!

まとめ

「定年前で早く返し終わりたいから期間短縮型」「これから教育費負担が増えるので返済額軽減型」といようにライフプランに合わせて選択。

Section 03

繰り上げ返済の注意点

有効な点が多い繰り上げ返済も闇雲に行なっていては危険です。税金制度、金融機関の制度、そして自分の家計全体を考えた上で、計画的に行なっていく必要があります。

住宅ローン控除との関係

住宅ローン控除については後の税金の項目で説明しますが、対象になる不動産の場合、当初10年間、借り入れ残高の1％が所得税・住民税が控除されるというものです（期間や控除率は購入タイミングなどで変わります）。適用されるためには、借り入れ期間が10年以上という条件があるので、この控除対象の期間は、ローンの残期間が10年を切らないようにしないと、この控除をフルに利用することはできません。期間短縮型の繰り上げ返済をする際は要注意です。

また、繰り上げ返済によって、借り入れ残高も減ります。それに応じて控除額も減ります。いずれにしても控除期間中の場合は、繰り上げ返済した方がコストパフォーマンスがいいか考えましょう。

家計との関係

まとまった金額を繰り上げ返済するということは、手もとから現金もなくなります。手元に現金がないというのは、突発的な出費や減収に耐えることができない状況になります。

住宅ローンは最も金利の低いローンのひとつですので、例えば金利1％で住宅ローンを借りていて、それを繰り上げ返済したことによって、子どもの受験費用が足りなくなって、金利2％の教育ローンを組んだというようなことがあっては何のための繰り上げ返済かわかりません。ライフプランを見通した上で利用するようにしましょう。

もし将来に不安がありつつ繰り上げ返済したいのでしたら、返済額軽減型を軸に考えてもいいでしょう。

金融機関の制度も確認を

金融機関によっては期間短縮型しか選べないところもあるのできちんと確認しておきましょう。

繰り上げ返済の注意点

❶住宅ローン控除に注意

- 期間短縮して10年以下になってしまうと控除できなくなる
- 借入残高が減る分、控除も減る
- 最終的に一番得する形を考えて繰上げ返済をしよう

❷金融機関の制度に注意

- 返済額軽減型が選択できない金融期間もある
- 繰り上げ返済の金額の下限がいくらか
- 繰り上げ返済にかかるコストはいくらか
- 金融機関の制度を確認しておく（借入先を決める前に繰上げ返済の制度は確認しておきましょう）

❸生活に無理がかからないか注意

- 現金が手元からなくなるので、直後に大きな出費の予定はないか確認
- 将来的に大きな収入の変動がおきないか

※期間短縮型繰上げ返済をしてしまうと、その後やっぱりもう一度元の期間に戻したい（延長）といってもできません。

ライフプランを見直して本当に今繰上げ返済しても問題ないか確認。多少不安が残るならば、期間短縮型ではなく、返済額軽減型を検討。

まとめ

住宅ローン控除をなるべく多くうけられるようにしつつ、ライフプランに照らし合わせて、いついくら繰り上げ返済するかを考えましょう。

Section 04

繰り上げ返済にかかるコスト

繰り上げ返済する場合、手数料がかかるケースがあります。この手数料は金融機関によってそれぞれ違っていて、この費用が繰り上げ返済のしやすさに大きく影響を与えます。確認しておきましょう。

手数料は金融機関選びの際に確認しておこう

一部繰り上げ返済を行う時に必要なコストは、主に繰り上げ返済手数料と保証料払い戻しの手数料です。繰り上げ返済を行うことで、利息を減らす効果があることは、これまで説明した通りですが、手数料が利息軽減分以上にかかった場合は逆に損することになります。このため、どういった場合に手数料がいくらかかるか知っておく必要があります。

左図に例を記載しました。最近では金融機関も競争が激しくなり、ネットバンキングの場合は手数料を取らないといったことも多くなってきています。手数料がかからなければ細めに繰り上げ返済を利用できます。逆に店頭（窓口）で手続きする場合は、見ていただとおり返済額や固定金利か変動金利かによって費用が変わる場合があります。手数料負けしない金額でまとめて返済していく必要があります。

細めに繰り上げ返済するのはメリットがあるか

返済のタイミングについては、次の項目で説明しますが、利息を減らすという観点だと、「同じ金額でも早めに返済したほうが得」です。このため、毎月5万ずつ貯めて年に一回60万円を繰り上げ返済するより、毎月5万円繰り上げ返済していったほうが利息軽減の効果は高いと言えます。ただ、これはあくまで手数料のない場合の想定で、手数料がある場合は話は別です。

このため、こまめに返していきたいという人は、一回の繰り上げ返済の最低金額が低く、ネットバンキングならコストがかからないというような金融機関を選択していくのがいいでしょう。

保証料の返金
連帯保証人を立てるかわりに保証会社に入ってもらう制度で、その費用。繰り上げ返済をするとその費用の一部が返還される場合があります。

繰り上げ返済にかかるコスト例

	一部繰り上げ返済の手数料	保証会社事務手数料
フラット35	なし	なし
A行	インターネットの場合：なし 店頭の場合　15000円＋税	なし
B行	インターネットの場合：なし 店頭の場合 ・変動金利の場合：5000円＋税 ・固定金利100万円以下：10000円＋税 ・固定金利100万円以上：30000円＋税	なし
C行	インターネットの場合：なし 電話、テレビ電話の場合：5000円＋税 店頭の場合：10000円＋税	3000円＋税

もし手数料がなければ、1年に一回60万円を繰り上げ返済するより、毎月5万円ずつ繰り上げ返済するほうが、若干ですが利息を減らす効果は高くなります。もし、こまめに繰上げ返済をすることをかんがえるようであれば、手数料をよく比較しておきましょう。

まとめ

利息軽減分以上に繰り上げ返済のコストがかかっては意味がない。金融機関の制度を確認したうえ、コストの低い方法で実行しましょう。

Section 05

繰り上げ返済のタイミングと優先順位

一部繰り上げ返済で利息軽減効果を高めるための3つの原則を紹介します。特にミックスローンで複数のローンを並行している場合は優先順位をつけるための参考にしてください。

一部繰り上げ返済で、利息軽減のための3原則

①早ければ早いほど利息軽減額は大きい

利息は借入額（元金）に応じてかかるもなので、借入額が多いうちは利息も多く、借入額が減るのに合わせて利息も減っていきます。早い段階で借入額を減らすことができれば、残りの期間の利息も減ります。

②金利が高いものほど利息軽減額は大きい

金利が高いもののほうが利息は大きくなります。金利が高い方の借入額を早く減らす方が、より多くの利息を減らすことができます。

③返済期間が長いものほど利息軽減額は大きい

借り入れ期間中、金利は常にかかり続けるため、時間が長くなれば長くなるほど利息もかかっていきます。長期の借入額を減らし、金利がかかる期間を短くすることで、より利息を減らすことができます。

最終的にはライフプランで

期間短縮型の説明でも触れましたが、原則的に早期に繰り上げ返済をした方が効果は大きいですが、実際に目の前にその他の大きな出費がある時には、無理して繰り上げ返済しない方がいいでしょう。

また、ミックスローンで早めに一本のローンを終えておいた方が家計が楽になるという場合は、いくら③の原則があっても、返済期間が短いものを優先する場合もあるでしょう。ライフプラン優先で考えるようにしてください。

※ここで紹介した原則は、あくまでその後の景気が大幅に変動しないという想定のもとの原則です。

ミックスローン
複数の住宅ローンを組むこと。チャプター5セクション5を参照ください。

繰り上げ返済の3原則

※元利均等返済・期間短縮型の図となっていますが、元金均等返済や返済額軽減型でも同じです。

①返済は早ければ早いほど利息軽減額は大きい

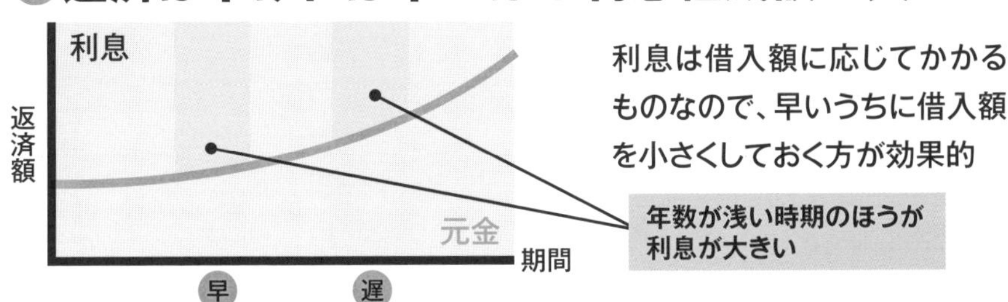

②金利が高いローンを早く返済するほど利息軽減額が大きい

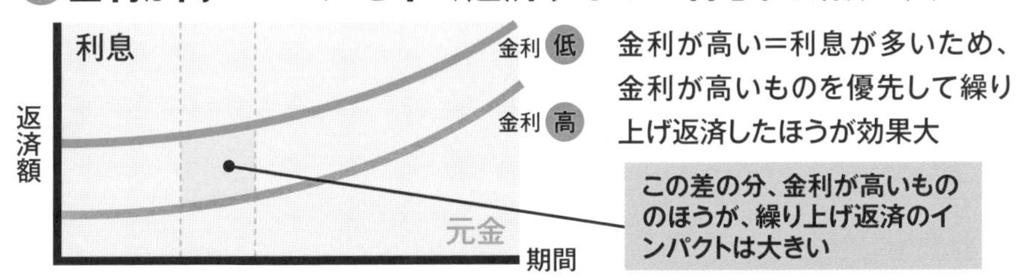

③返済期間が長いものを短縮するほど利息軽減額が大きい

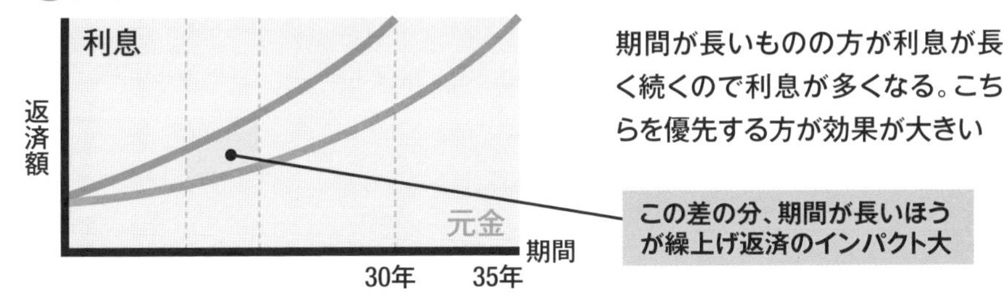

ミックスローンを組んでる場合は、繰上げ返済にも優先順位をつける必要があるので、意識しておきましょう

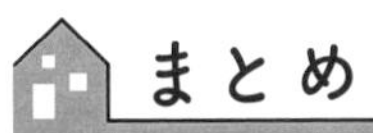

まとめ

繰り上げ返済の戦略を考えるときには、上記3原則を思い出してください。また、優先順位を決める際はライフプランを思い出しましょう。

Section 06

固定金利期間選択型の場合の繰り上げ返済の注意点

繰り上げ返済は早ければ早いほど後々の利息を減らす効果がありますが、固定金利期間選択型の借り入れをしている場合は少し考え方を変える必要があります。

固定金利期間終了時の金利上昇リスクに備えよう

10年固定金利などが、かなりの低金利ということでとても人気があります。しかし、これには注意点があります。この固定金利期間は必ず終わりが来て、その終了時に金利が変わるというイベントがおこることです。この金利がどう変動するかで残りの期間の返済額が変わってきます。変動金利型のように変動の上限（125%上限）などもないので、一気に変わる可能性もあります。

急いで繰り上げ返済、特に期間短縮型での繰り上げ返済をしてしまった場合に、もし固定金利期間終了後に金利が跳ね上がったら、手持ちのお金を使ってしまった状態で金利が高くなった返済を行っていくことになります。かなり苦しい状態かと思います。ですので、固定金利期間選択型を選んだ場合は、まず「固定金利期間終了後の金利上昇リスク」へ準備ありきで考えないといけません。

繰り上げ返済は固定金利期間終了時に

繰り上げ返済は早ければ早いほど効果は高いですが、リスクを避けるためには、固定金利期間終了時までお金はためておき、終了時に金利動向をみて、繰り上げ返済をするのが良いでしょう。

金利が上がってる場合、返済額軽減型でいけば、その後の返済額の上昇が抑えられます。逆に金利が変わらなかったり、下がってる場合は、期間短縮型の繰り上げ返済で返済スピードを速めるということができます。また、現金を持っていれば、別な金融機関に借り換えというのも交渉しやすくなります。

固定金利期間選択型の場合の注意点

ディスカウントの多い固定金利期間選択型の場合は、固定期間終了時の金利上昇リスクが大きなポイントとなる。

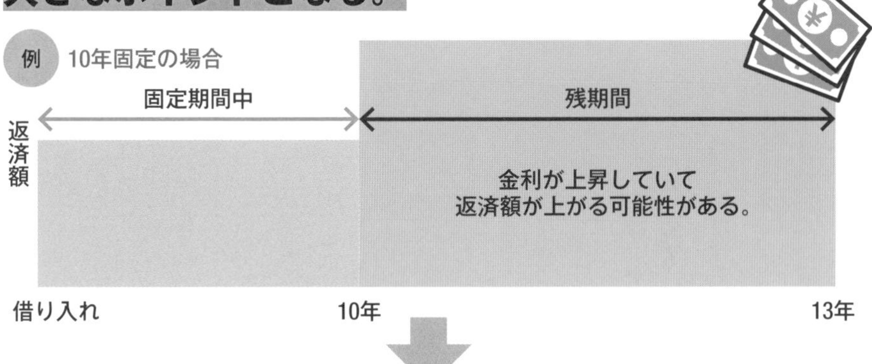

繰り上げ返済を使ってうまくコントロールするためには、繰り上げ返済のタイミングを固定期間終了時（金利変更時）に行う。

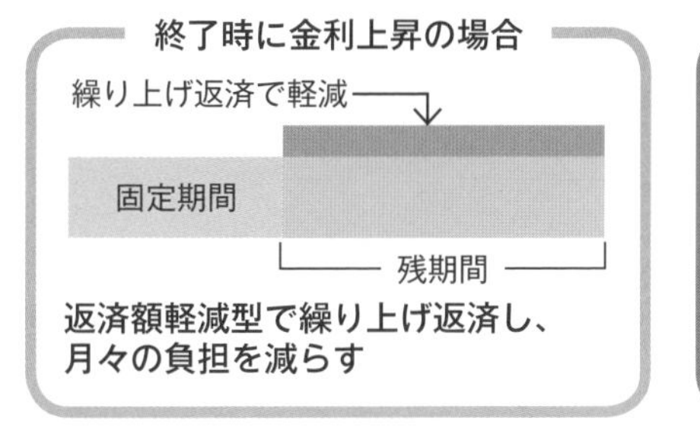

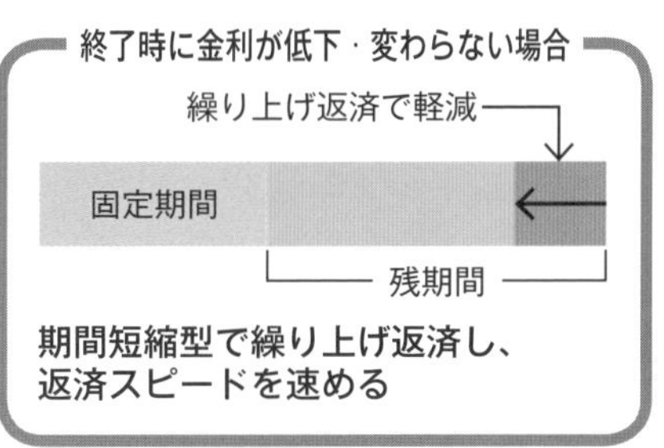

まとめ

固定金利の期間中に繰り上げ返済の資金ができたとしても、焦らず固定期間終了まで待ったほうがいい。金利動向を見極めた上で、返済方式を決めることができる。

Section 07

ボーナスでの返済について

住宅ローン契約の際、ボーナス併用払いにするかどうかの確認があると思いますが、ボーナスカットということなどがあるので、ここは避け、その分繰り上げ返済に充てていく方が安全でしょう。

ボーナス併用払いにするくらいなら、繰り上げ返済

景気が良かった高度成長期などはボーナスが出て当たり前でしたが、現代では業績連動でボーナスがでないことがあったり、査定に応じてボーナスカットが行われたりということが当たり前になっています。そもそもボーナスは、性質上必ず支払われると約束されたものではないので、ある前提で返済を組まない方が無難です。

このため住宅ローン契約の際はボーナス併用払いは利用せず、「毎月払い」のみを選択し、実際にボーナスを受け取った後に「出せる分だけ繰り上げ返済する」というスタンスでいくのが安全だと言えます。

なぜこのように安全を重視するかですが、これは予定された返済を一度でも「延滞」してしまうと、後に説明する「借り換え」という手が使えなくなるからです。これを避けるためにもまず安全に遅延なく返済するということを大前提にしないといけません。

なお、冬のボーナスを使って一部繰り上げ返済する場合は、住宅ローン控除を受けている間の場合、12月中でなく、1月になってから返済した方が有利な場合があります。確認した上返済を実行してください（住宅ローン控除の額は年末のローンの残高に応じるため）。

既にボーナス併用払いの住宅ローンを組んでいて苦しい場合

もし、既にボーナス併用で苦しんでいる場合は、金融機関に毎月の返済額とボーナス払いの割合の変更に応じてもらえるか相談してみましょう。ただし、ボーナス払いを減らした分、毎月の返済額は増えることは理解しておいてください。

ボーナス併用払いについて

ボーナス併用払いにすることで毎月の返済額を減らすことができるけども……。

ボーナスは必ず支払うと約束されたものではありません。また、金額についても業績その他に左右される性質のものです。
➡不確定なボーナスのために「ローン遅延」を起こしてしまったら元も子もない！

ボーナス併用払いをするくらいならボーナス分を繰り上げ返済にしよう！

ただし冬のボーナスで繰り上げ返済するときは、住宅ローン控除額は年末のローン残高に応じるので、年末を過ぎて1月になってから繰上げ返済したほうが有利です。

既にボーナス併用払いのローンを組んでいて、ボーナスが減ってきているなど返済が苦しくなっている場合は、金融機関に相談し、ボーナス払いのとりやめや、割合変更を申請してみましょう（ただし、毎月の返済額はボーナスを減らした分増えます）

まとめ

ボーナス併用払いは積極的に選択しなくていい。毎月払いにして、実際にボーナスが出たら繰り上げ返済にまわしましょう。

Section 08 住宅ローンの借り換え

住宅ローンを借りた後、もう一度別な住宅ローンを申し込み、借り換えることで、有利な住宅ローンにできる場合があります。

10年前と比べてお得な住宅ローンが出てきている

２０２１年の状況では金利は最低水準まで落ちてきており、既に住宅ローンを組んでいる方は、いつローンを組んだかによりますが、現在のほうがより有利な条件の住宅ローンが出てきている可能性が高いでしょう。同じ金融機関で解約して、すぐまた新規のローンを組むということはできないので、別の金融機関で新規に申し込みして、有利な住宅ローンに乗り換えることを借り換えと言います。

借り換えは別の金融機関でもう一度審査をしてもらい、融資をしてもらうので、それに合わせて諸費用がかかります。このため、諸費用以上の効果を出さないと、その借り換えは損になってしまいます。

一般的に諸費用以上の効果を出すためには、

・乗り換え前と乗り換え後の金利差が1％以上ある
・ローン残高は５００万以上ある
・残りの返済期間が１０年以上ある

ということが概ねの目安と言われています。ただし、これはあくまで目安です。例えば、残り期間が10年を切っていても、金利差が2％以上あれば効果が出るということもあります。目安は目安として、借り換えでメリットが出る可能性があると思ったらシミュレーションしてみるのが良いでしょう。

シミュレーターを利用しよう

ありがたいことにネット上で「住宅ローン　借り換え　シミュレーション」といった具合で検索をすれば、多くの金融機関が借り換えシミュレーターのページを準備しているのですぐに調べられます。

借り換えで得をするために

金利が下がってきており、以前より条件が良くなってきている

●フラット35の金利推移

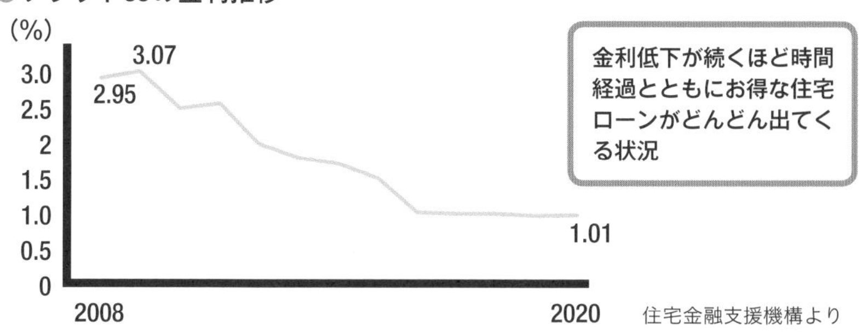

住宅金融支援機構より

だからもう一度、別な金融機関で新規に申し込み、今より有利な住宅ローンに乗り換える➡借り換え！

借り換えで返済総額を減らして得をするためには

金利差1%以上　**ローン残高500万以上**　**残り返済期間が10年以上**　➡ **が目安**

※借り換えには諸費用がかかるためそれ以上のコスト効果を出すための目安です

ただしあくまで目安
- 金利上昇のリスクをなくすために変動金利から固定金利に変える
- 毎月の返済額を減らすために借り換えで返済期間延長を行う

といった目的の場合は別です。借り換えは「目的をはっきりさせる」ことと、「シミュレーションをしっかりしておく」の2点が重要です。

まとめ

借り換えることで返済総額を減らすことができる場合がある。借り換えにかかる諸費用以上の効果が出るかシミュレーションして決めましょう。

Section 09

借り換えの手順とコスト

借り換えを行う場合、新たに借り入れを起こすことになります。その際、自分でやらなければならない「手間」と、実際に新たに支払いしなければならない「諸費用」が出てきます。

借り換えの段取りは自分でやるのが基本

最初に住宅ローンを借り入れした時は、不動産会社が間に入ってくれて、手伝ってくれたこともあったろうかと思います。しかし、今回の借り換えについては、自分で段取りを決めて進めていく必要があります。どういった流れになっているかは、左図にざっと概略を書きました。基本的には新しい金融機関で審査を受け、それが通れば新旧金融機関とそれぞれ段取りや日程を調整し、融資を実行。そして、司法書士に登記をしてもらうという流れです。

借り換えにかかる諸費用は決して安くはない

再び新しい住宅ローンを組むということになるので、諸費用がかかってきます。新旧金融機関の両方に支払うものも出てきます。かかる主な費用については左図に書いております。

金額のインパクトが大きい「保証料」については、新金融機関の保証料の制度が、金利に上乗せされているタイプであれば、この費用は不要です。また、新金融機関側で一括支払いをしなければならない場合であっても、旧金融機関で一括で支払っている場合、残りの期間の分は返金されますので、まるまる全額負担するということはありません。とはいえ、返金額は残り期間の分を年数で均等に割った額ではなく、減額されて戻ってくるケースが多いので、あまり期待しない方がいいでしょう。

また、再度審査をされますので、旧金融機関で審査に通った時の前提条件が変わってしまった場合、思った通りの融資が受けられない場合があります。

借り換えの手順とコスト

再び新しい金融機関で審査。今度は自分ですべてを行う

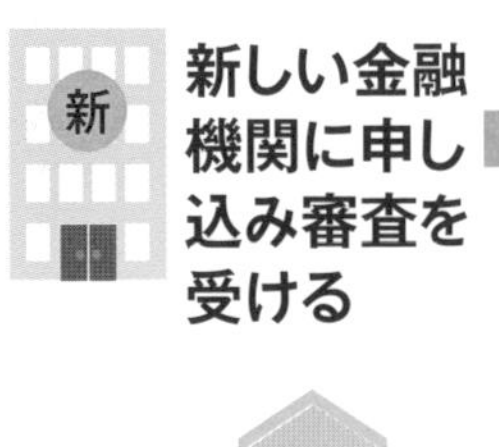

新しい金融機関に申し込み審査を受ける

審査が通ったら全額返済の連絡

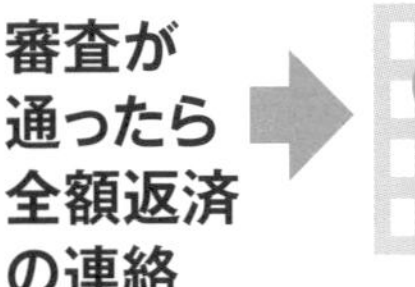

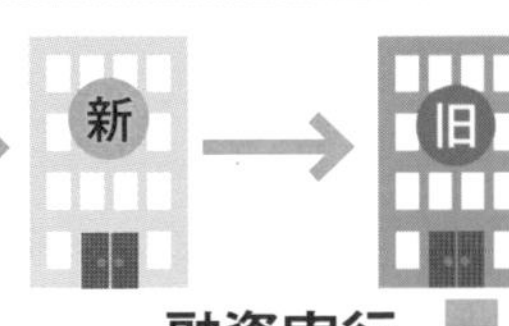

融資実行

抵当権抹消

新

抵当権登記

不動産取得時は不動産会社が手伝ってくれたが、今度は自分だけでやる

借り換えるためにかかる費用

事務手数料	もともとの金融機関、新しい金融機関にそれぞれ支払う	例えば3000万くらいの借り入れの場合は目安20万から30万程度
登録免許税	抵当権設定登記、抵当権抹消登記	
司法書士への報酬	抵当設定、抹消の手続き	
印紙税	契約書類に使うもの	
保証料	ただしもともとの住宅ローンで一括で支払っていた場合は一部戻ってくる	実際の負担はもともとの住宅ローン側から何%戻るかによる

借り換えが難しいケース

- 独立・転職した場合
- 収入減の場合

➡当初の前提条件が変わるので改めて貸出上限額が決められるため

- 転勤などで賃貸に出した場合 ➡住宅ローンで購入する前提条件ではなくなるため
- 延滞などがあった場合 ➡住宅ローンの借り入れ状況以外も審査で改めて見られるため

まとめ

前の融資の時と前提条件が変わってないか確認。また、借り換えの手続きはすべて自分で行うので、時間の確保をしましょう。

Section 10

借り換えた場合、住宅ローン控除はどうなるか

住宅ローン控除を受けている期間は借り換えはできないと誤解をされている方もいらっしゃるようですが、基本的には借り換えても大丈夫です。原則だけ理解しておけば大丈夫です。

借り換えタイミングで条件を満たしていればOK

住宅ローン控除については、チャプター8で詳しく説明しますが、一定の条件を満たす形で住宅を購入した場合、税額の控除が受けられる制度です。

住宅ローン控除を受けている10年間は借り換えできないのかと思う人もいらっしゃるかもしれませんが、原則は「引き続き条件さえ満たしていれば、借り換えたとしても住宅ローン控除を継続できる」です。

条件については、最初に住宅ローン控除を受けたときと同じです。一度控除を受けている前提なので、ほとんどの場合は、特に何事もなく条件は変わらないと思いますが、タイミングによっては「返済期間が10年以上」に引っかかりますので注意です。

また、原則でも書きましたが、住宅ローン控除を継続する形になるので、借り換えたからといって、さらに10年延長というような都合のいいことは起きません。※期間は購入時期などにより変わります。

借り換えをしても控除額の条件は変わらない

控除額は年末の借り入れ残高に控除率をかける形です。このため、見るのは年度末に借りている住宅ローン残高のみです。それぞれの金融機関ごとに率が変わるといったことや、金融機関ごとのローン残高の平均を取るなどということはありません。繰り上げ返済の項目でもお伝えしましたが、もし借り換えである程度現金を入れて借入額を減らすつもりであれば、年末より年をまたいだ1月以降に借り換えをするほうがいいでしょう。

借り換えた場合の住宅ローン控除

借り換えをしても引き続き条件をみたしていれば、借り換え後も住宅ローン控除はOK！

注意 期間は延長されるわけではない

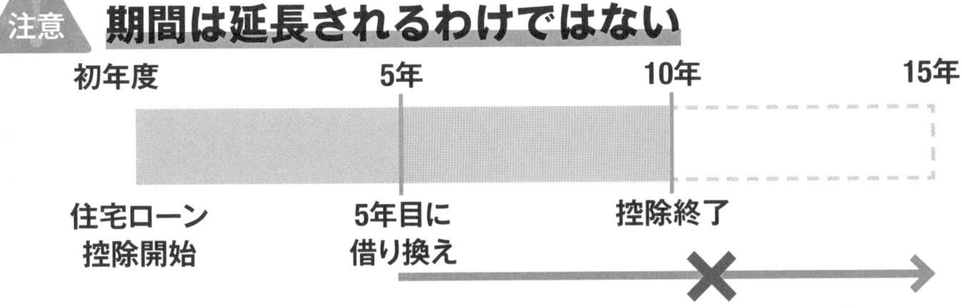

注意 年末の借り入れ残高で控除額は決まる

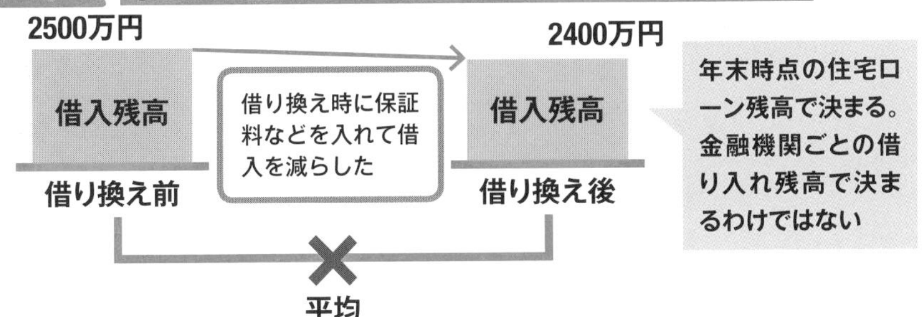

まとめ

借り換えのタイミングでも条件を満たしていれば控除は受けられる。控除額は年末の借り入れ残高に応じるので金融機関が変わっても大きな変動はありません。

Section 11

借り換えの前に金利交渉という手

別な金融機関に実際乗り換える前に、事前に現在の金融機関にその旨を伝えることで、現在の金利を下げてもらうという手もあります。

金利引き下げならば、手間も諸費用も浮く

左図は金利引き下げ交渉がうまくいった例です。借り入れ残高が2000万、残期間20年、全期間固定金利1・6%で借りているとします。そこで他社から20年固定1%の住宅ローンが出た場合、返済総額が現在より130万円程度減りますので、借り換えの諸費用を引いてもおトクということになります。しかし、この場合、元の金融機関が金利引き下げ交渉に応じてくれて、仮に1・2%程度まで下げてもらえる話がまとまれば、引き続き同じ金融機関を利用していく方がメリットが大きくなります（同じ金融機関であれば、諸費用も手間もかからないため）。

金利交渉を受け付けてくれるかどうか、交渉がうまくいくかどうかはわかりません。うまくいったらラッキーくらいのイメージで考えておくといいでしょう。ただ、いざという時にこの交渉に応じてもらえるよう、普段から常に延滞なく返済を行うようにしておきましょう。弾みでも収入が落ちた、生活が苦しいなどと話すことは避けましょう。金利を下げてもつなぎ止めたいのは必ず返済する「優良顧客」だからです。※ただし収入減で本当に返済に困るような状態なら必ずお伝えし、相談しましょう。

借り換えの検討は並行して行う

借り換えを考えている前提で行う金利交渉の際、他の金融機関では実際どれくらいの金利になったかを聞かれることがあります。実際に他の金融機関でだいたいの試算などを作ってもらい、それと合わせて交渉するのがいいでしょう。

金利交渉
金融官としては本来は受ける必要のないものです。受けてもらえた場合は誠意をもって行いましょう。

金利交渉

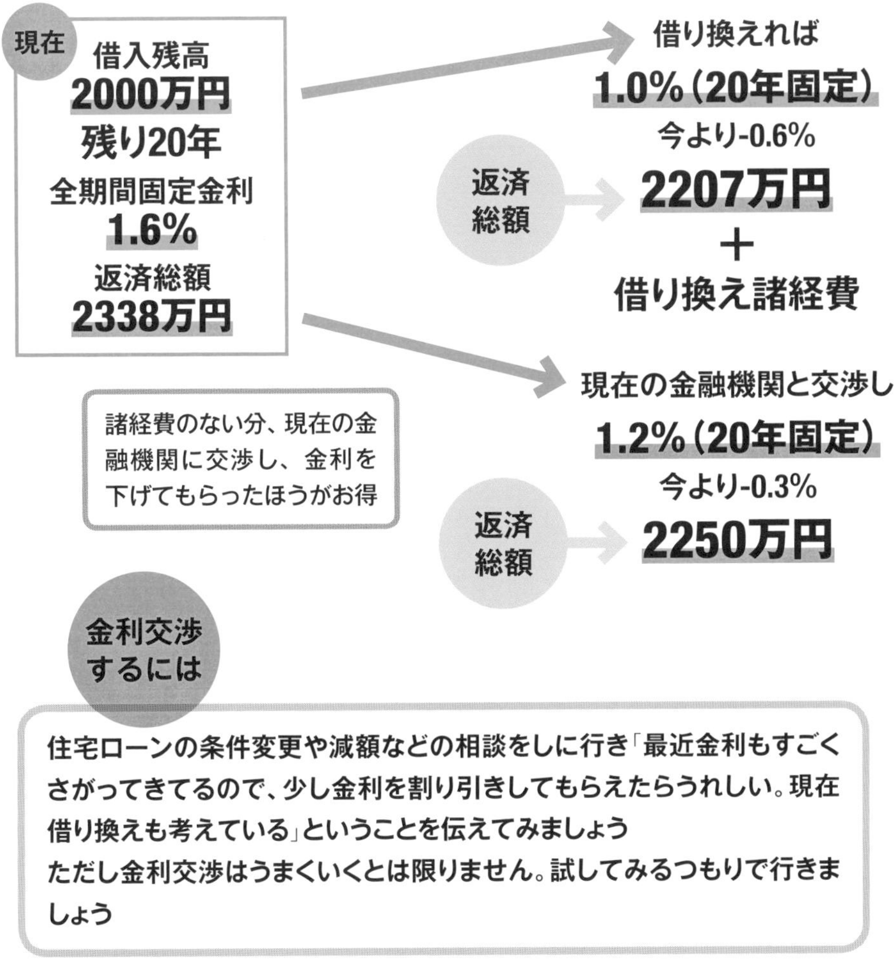

現在
借入残高
2000万円
残り20年
全期間固定金利
1.6%
返済総額
2338万円

借り換えれば
1.0%（20年固定）
今より-0.6%
返済総額 2207万円
＋
借り換え諸経費

現在の金融機関と交渉し
1.2%（20年固定）
今より-0.3%
返済総額 2250万円

諸経費のない分、現在の金融機関に交渉し、金利を下げてもらったほうがお得

金利交渉するには

住宅ローンの条件変更や減額などの相談をしに行き「最近金利もすごくさがってきてるので、少し金利を割り引きしてもらえたらうれしい。現在借り換えも考えている」ということを伝えてみましょう
ただし金利交渉はうまくいくとは限りません。試してみるつもりで行きましょう

まとめ

金利交渉は応じてもらえたらラッキーくらいの気持ちで。また、借り換えの検討は並行し、交渉でどこまで下げたいか明確にしておくこと。

Section 12

最終的には気持ちの持ち方

住宅ローンは長い期間お付き合いするものです。最終的な生活の向上という観点から考えてこのチャプターを締めたいと思います。

住宅ローンの満足度は、最終的には損得だけではなく、本人の心の持ち方であり、どんな返し方をしてどんな生活をしていきたいかによる、ということになります。

それぞれの選択の際に、「どのような感情を持つか」

住宅ローンを決める際、色々な場面で選択をしないといけないシーンが出てきます。その際、ぜひ「自分の最終的なライフプランの方針に合っているものはどちらか」「それを選択したことにより、どのような気持ちになれそうか」を考えてみてください。

最終的には損得よりも前向きに返済をし続けられることが重要です。

最終的には心の持ち方が大事

住宅ローンについて、損得だけで見ると、ベースは「低リスク・低コスト（総返済額が低い）」という考え方で、例えば「10年か20年固定タイプのローンを選び、期間短縮でガンガン繰り上げ返済」というのが妥当という話になるかと思います。

しかし、最終的にそれだけでいいでしょうか。元々は生活の質の向上を目指して住宅を購入することを考えたのだと思います。最終的にそれまでの生活はカツカツだけど、なんとか住宅ローンを60までに返せている老人と、ローンがまだ10年残っているけど、そこそこの金額貯金も残っている老人とではどっちがいいでしょうか。おそらく人によって意見が割れるところだと思います。

ローンの選択は最終的には心の持ち方が大事

❶変動金利か固定金利か

3000万円を35年で借りた場合の比較（当初固定1.5%、変動0.75%）

<全期間固定金利>

金利一定	返済総額
固定1.5%	**3601万円**（月々85731円）

金利が10年ごとに1.5%ずつ上がるとした場合

<変動金利>

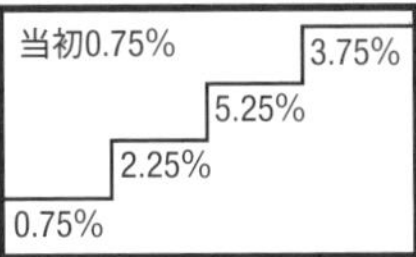

返済総額
3824万円
（月々91047円）

全期間固定金利が若干有利！ ただし、10年ごとに1%上昇の場合はほぼ同じ。

私は金利が上がって4%とかになったら怖くて仕方ないので固定金利のほうが安心して生活できる

金利4%なんてここ20年見たことない。むしろ金利の低い期間にガンガン元金が減る方がやる気になるから変動で！

❷期間短縮か返済軽減か

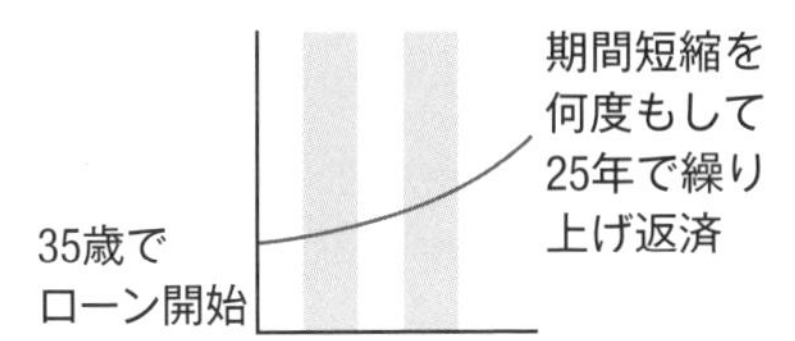

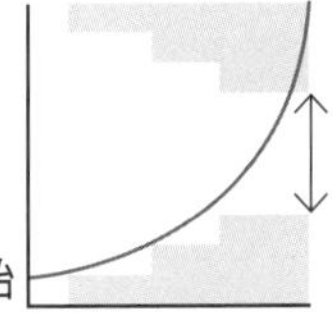

いやー、かつかつで手持ちのお金はないけど60までにローン返し終えたからこれから悠々自適になると思うとうれしいよ！

まあ70までローンは残るけど、元の半額なので何とか支払いつづけられるし、何といっても手元に数百万は残ってるから安心なんだよね。

Column

住宅ローン控除で戻ってきたお金の使い道

最初の予算を考えるときに住宅ローン控除の金額ありきで購入を決めたという人もいらっしゃるとおもいます。4000万の物件に対して、200万は住宅ローン控除がきくと考えて「実質3800万だな」というような考え方です。

しかし、このような前提でローンを組んだわりに、数年たつとすっかり忘れて、控除分を自分の小遣いや臨時ボーナスと勘違いして使おうとする人もいらっしゃいます。ここは注意点ですが、当初の予定の還付が受けられただけで、別に儲かったわけはないということを忘れないようにしましょう。

上記の「控除が効くから実質〇〇万円だな」という考え方に立つのであれば、戻ってきたお金は「全額繰り上げ返済に回す」のが正しいと思われます。そこは忘れないようにしていただきたいです。

また、繰り上げ返済以外に、投資に回すというのも1つの手になります。住宅ローンは低金利ですので、仮に0.5%以下で借りている場合、0.5%を超える金利が付く投資ができれば、借りたまま運用したほうがお得ということもあります。住宅ローン控除分を投資に回すとした場合の例としては、「iDeCo（イデコ）」もしくは「積み立てNISA」が非課税の特典があるので良いのではないでしょうか。

投資なので投資した分戻らず損するリスクが勿論ありますので、投資に回す場合はよくよく考えてからトライいただければと思います。

2021年度に新築などで住宅購入された方はおよそ13年間、控除でお金が戻ってきます。長期間にわたるものなのでぜひ有意義にお使いください。そして迷ったら繰り上げ返済と思ってくださいね。

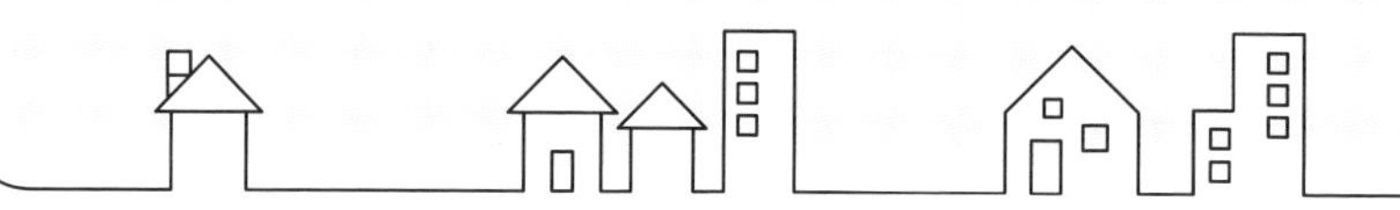

購入時の
税金について

Section 01

住宅購入に関わる税金

住宅を購入すると、様々な税金がかかります。購入時にかかるもの、購入後に毎年かかるものなど様々です。まずは全体像を把握しておきましょう。

売買時や入居までにかかる税金

売買時には契約に関して印紙税や、建物に対しての消費税がかかります。また、登記するための登録免許税も必要です。購入時については、ほとんど自分から何かをする必要はありません。もし親から住宅購入資金を援助してもらっていたならば、贈与税がかかる可能性があるので、その場合は自分で動かなければなりません。また、入居後しばらくすると、不動産取得税の連絡がきますので、支払う必要があります。

不動産を持っていると毎年かかる税金

不動産を持っていると、固定資産税、都市計画税がかかります。毎年1月1日時点の所有者にかかってくるもので、不動産を持ち続ける限りかかり続ける税金です。住宅ローンの返済と合わせて支払い続けなければならないので、どれくらいの費用がかかるか、先に計算しておくといいでしょう。また、この税額は変動します。例えば急に近くに駅ができたりして地下が上がると、税金も上がります。

逆に帰ってくる税金もある

税金というと払うだけのイメージがあるかもしれないのですが、住宅ローン控除のように、条件を満たした上、申告すれば返ってくるような制度もあります。

軽減措置や控除といったものは、政府の政策や税制の改正などによって変更になったりすることもあります。変更になった分、新しい制度で条件が良くなったりすることもあるので、住宅を購入するまでは最新の情報をチェックするようにしましょう。

住宅購入にかかわる税金のおおよその全体像

売買・請負・取得時

- 印紙税……売買契約やローン特約の契約書に貼って納税。
- 消費税……仲介手数料や建物の工事費用など、業者に支払う。土地は非課税。
- 登録免許税……所有権の登記や抵当権の登記にかかる。税務署に支払う。
- 贈与税……資金や土地建物をもらった場合にかかる。税務署に申告。

入居後

- 不動産取得税……不動産を取得することにかかる税金。税務署に支払う。

入居後(毎年)

- 固定資産税……毎年1月1日に不動産を持っている人にかかる。税務署に支払う。
- 都市計画税……市街地化区域の不動産にかかる税。税務署に支払う。

減税されるもの

- 住宅ローン控除
- 住宅取得贈与の場合の非課税制度
- 相続時精算課税制度

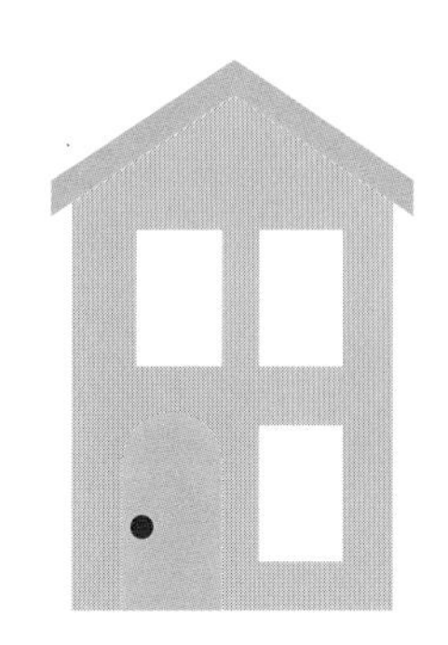

まとめ

住宅は買ったら終わりではありません。長期的な納税がともないます。また、制度の変更も注意しておきましょう。

Section 02

不動産取得税と軽減措置

入居後にかかる費用として不動産取得税があります。この税金は、軽減措置を受けられるかどうかで支払う金額に差が出てくることがあるのと、原則自分で手続きをする必要があります。

軽減措置が適用されるかどうかは条件がある

相続や特別な場合を除き、不動産を取得したら不動産取得税がかかります。左図を見ていただければわかるのですが、軽減措置が適応されると、数十万単位の節約が可能ですので、適応される可能性が高いようでしたら、ぜひ狙っていきたいところです。

自己居住目的の住宅の場合、条件としては、新築でも中古でも、延床面積が50平米から240平米の間の大きさになります（延床面積はマンションの場合、専有面積に持ち分に応じて按分（あんぶん）した共有部分の面積を加算して算出します）。

また、中古住宅の場合はいつ建てられたものか、耐震基準に適合しているかといった条件で軽減幅がかわってきます。耐震基準に適合していれば、かなり古いものでも多少軽減してもらえます。

だいたいのイメージですが、4000万の物件で固定資産税評価額2500万という感じの住宅の場合、原則通りでしたら50万位の税になりますが、軽減措置が適用されれば0円になります（ただしこの軽減措置の実施は期限があり、2024年3月31日迄です）。

地方税なので各都道府県（税事務所）でルールを確認

不動産取得税の軽減税率を受けるためには、申告が必要です。原則は不動産取得後60日以内に行わなければいけませんが、都道府県によって異なる場合があるので、都道府県税事務所に確認するのがいいでしょう。

不動産取得税の支払いタイミング
購入後半年後とか、タイムラグがあってやってきます。手元にお金を残しておきましょう。

不動産取得税と軽減措置

不動産取得税（原則）

建物 固定資産税評価額×3%

土地 土地の固定資産税評価額×$\frac{1}{2}$×3%

※相続の場合は不要

- 述べ床面積が50㎡以上240㎡以下
- 加えて中古住宅の場合は1982年1月1日以降に新築、または新耐震基準に適合している

軽減措置が適用！

建物 ＜新築＞ 建物の固定資産税評価額ー1200万円※ ×3%

※認定長期有料住宅の場合1300万円

＜中古＞ 土地の固定資産税評価額ー控除額 ×3%

（新築の時期により100万円～1200万円と変動。例:1997年4月以降なら1200万、1989年4月以降なら1000万といった形。詳しくは国土交通省のホームページをご覧ください）

土地 土地の固定資産税評価額×$\frac{1}{2}$×3%ー以下AかBのいずれか多い額

Ⓐ150万円×3% Ⓑ土地1㎡あたりの固定資産評価額×$\frac{1}{2}$×住宅の床面積の2倍（200㎡まで）×3%

適用されれば、例えば4000万円位の物件で本来50万円位の税となるところが納税額が0円になるくらいのインパクトがある！（土地建物比率や新築中古などの条件による）

まとめ

軽減措置が適応されれば数十万の節約になります。可能性があるならば狙っていきましょう。また、後から支払いがくるので現金の準備を。

Section 03

贈与税について

親からの資金援助をしてもらえる方もいらっしゃると思いますが、これは「贈与」になります。非課税枠を超えると当たり前ですが贈与税がかかり、折角の資金をフルにつかえなくなります。

利用できる3つの非課税枠を理解しよう

住宅の資金援助を受ける場合は、贈与になるのですが、課税の前にいくつかの特例があり、適用されると大きな額の控除が可能になります。

①直系尊属からの住宅取得資金贈与の非課税措置

親や祖父母といった直系尊属からの贈与の場合、質の高い住宅（耐震性や省エネ、バリアフリーといったもの）と認められれば、条件にもよりますが1500万までは非課税、それ以外の住宅でも1000万までは非課税となります。なお、あくまで直系尊属です。義父母は適用されません。

②暦年課税

暦年課税は、1年間に贈与を受けた合計額から110万を控除した残額に課税されるというものなので、110万以下であれば課税されません。①と併用することができるので、実質最大1610万の贈与まで課税されずに済みます。なお、贈与者ごとに110万ではありませんのでご注意を。

③相続時精算課税

贈与税より相続税のほうが控除が大きかったり税率も軽い場合が多いことから、後で相続税として計算するという形で2500万まで控除してもらう手もあります。適用されるためにはいくつか条件がありますので、条件をしっかり確認しておきましょう。

これらの枠を超えた額については贈与として課税されます。また、①については適応条件として、「贈与を受けた翌年の3月15日までに居住しているかまたは遅滞なくその家屋に居住することが確実であること」となっております。

贈与税について

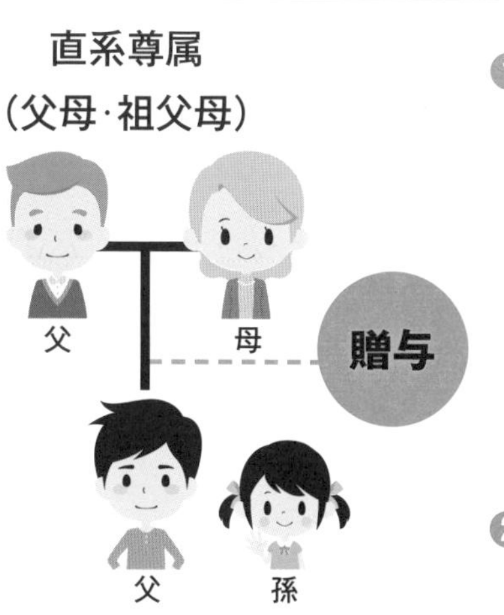

❶直系尊属からの住宅取得資金の贈与の非課税措置

質の高い住宅　1500万円
一般の住宅　1000万円
まで非課税

❷どちらか一方を選択

贈与税より相続税のほうが控除が大きいので有利になる！ 2500万円まで控除

＜暦年課税＞で
毎年110万円まで非課税

＜相続時精算課税＞で
2500万円まで控除

いずれを選択してもオーバーした分は課税される。また、相続時精算課税は最終的に相続時には相続の税制に従って改めて計算され必要に応じて納税する

❶の補足　住宅取得金の贈与税非課税限度額　消費税10%で購入の場合

	質の高い住宅	一般の住宅
~2021年12月	1500万円	1000万円

※2022年以降については別途ホームページなどで確認ください。

※相続時精算課税を使うためには
・自己居住用
・床面積が50㎡以上
などの条件があります。

まとめ

贈与を受ける場合は非課税枠を理解した上、なるべくその枠内におさまるようにしましょう。

04 Section

共有名義と親からの借り入れについて

親族からの資金援助で、贈与税をなるべく発生させないやり方としては、前項目で説明した方法の他、共有名義と借り入れがあります。

共有名義と持分

前ページで説明をしました、直系尊属からの住宅取得資金贈与の非課税措置を使うと、左図のような形で節税をしながら大きな住宅を購入することができます。ただし直系尊属のため、義父義母から非課税で受け取ることはできません。左図のような場合、夫婦で支払うケースですが、主として夫が住宅ローンを払うからといって夫の単独名義にしてしまうと、今度は妻から夫への贈与ということになります。

この場合、支払った金額分、およそ持分7：3の共有名義で登記すれば問題ないでしょう。また、例えば左図で夫実家が夫の4000万をすべて資金援助するという場合、この夫の親も含めて共有名義とすれば、贈与税は発生しない形にできます。

借り入れという手も

相続税を発生させないために、親からお金を借りるというやり方もあります。親から借りることができれば、ローンの審査も不要で金融機関より低金利で資金を調達できます。ただし、親からのローンはこの後説明する住宅ローン控除は受けることはできません。

親から資金を借り入れすることになった際、気を付けておきたいことは「きちんと返済する」「返済していることを見える化しておく」ということです。

親子だからといって「ある時払い」「出世払い」では税務上は通りません、「贈与」という扱いになります。きちんと借用書を書き、返済も手渡しでなく金融機関を通して履歴が残るようにしていきましょう。

共有名義と持ち分

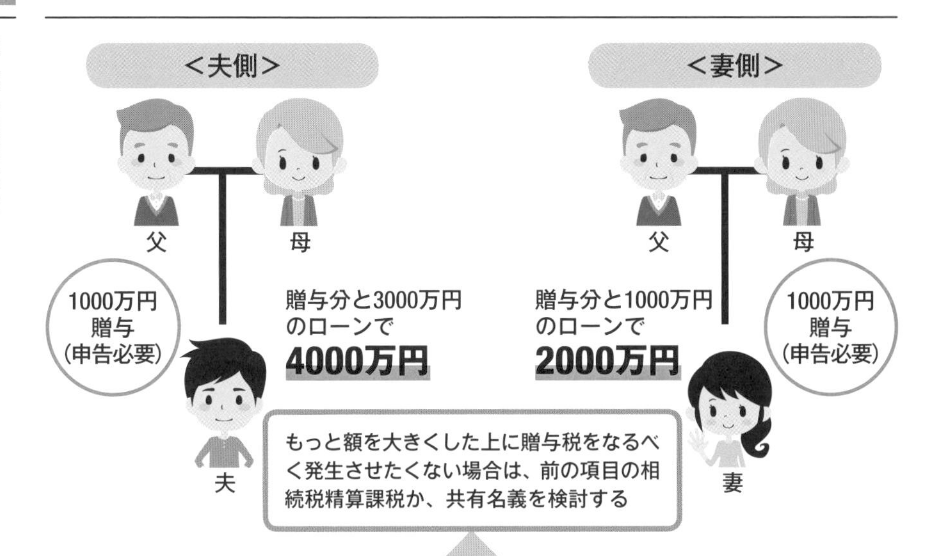

この場合、夫婦の持ち分の登記を、70%夫、30%妻の共有名義であれば問題ないが、夫の単独名義にすると、妻から夫への贈与（2000万円）という扱いになる（贈与税発生）

そのほか　親からの借り入れの場合……贈与税は発生しないが、きちんと手続きをしてないと贈与の扱いになる

- きちんとした借用書などは作っておく
- 返済は手渡しではなく、金融機関で履歴が残るようにしておく
- 金利が著しく低いなど明らかにおかしい条件にはしない

まとめ

ご家族で住宅ローンを返済する場合、支払額に応じた持ち分割合で登記し、共有名義にしましょう。

Section 05

固定資産税と都市計画税について

固定資産税や都市計画税は所有している間、常にかかる税金です。高い住宅を買えば、それに応じた税金が毎年かかってきますので、意識をしておきましょう。

固定資産税・都市計画税の基本

固定資産税、都市計画税はいずれも毎年1月1日の所有者に対して課税されます。その他の都度払いの税と違って、毎年納税通知書が届いて支払う形です。支払いについては一括払いか年4回の分割払いを選べます。

なお、都市計画税は市街化地域のみに課税されます。

税額の決まり方は、建物と土地それぞれの評価額に対して税率をかけたものになりますが、この評価額は市町村が決めており、3年に1度見直されます。一般的には土地は地価公示価格の7割、建物は建築費の半分から7割程度です。

実際の税額について

原則的に固定資産税については、土地建物共に固定資産評価額の1・4%、都市計画税は土地建物ともに固定資産税評価額の0・3%となります。ただし、それぞれ特例措置があり、土地の200平米以下の部分については、それぞれ6分の1、3分の1という形に減額されるようになっています（200平米を超える部分はそれぞれ3分の1と3分の2）。また、建物については、軽減措置があるのは固定資産税のみですが、新築の場合は、通常戸建てなら3年間、2分の1に軽減。マンションならば5年間2分の1に軽減されます。また、長期優良住宅と認められれば、戸建てなら5年、マンションなら7年に軽減期間が引き延ばされます。この特例措置については期限がありますので、定期的に変わりますので、住宅の購入検討に時間をかける方は新しい情報を常にチェックするようにしましょう。

固定資産税・都市計画税の計算

固定資産税・都市計画税

固定資産税

固定資産評価額×1.4%

特例措置あり
土地は200㎡までの部分は1/6に軽減（200㎡を超える部分は1/3）。建物は戸建てで新築の場合3年間、新築かつ長期優良住宅の場合は5年間1/2軽減（マンションの場合は新築で5年間、長期優良住宅で7年間）。

※いずれも2022年3月まで。

都市計画税

固定資産税評価額×0.3%

土地は200㎡までの部分は1/3に軽減（200㎡を超える部分は2/3
建物は特例措置なし

例えば新築100㎡の戸建て住宅で、建物が1500万円、土地が2000万円の場合（市街地化区域）
原則　固定資産税　1500万円×1.4%＋2000万円×1.4%＝49万円
　　　都市計画税　1500万円×0.3%＋2000万円×0.3%＝10.5万円
特例措置（の期間）　固定資産税　1500万円×1.4%×1/2＋2000万円×1.4%×1/6＝15.2万円
都市計画税　1500万円×0.3%＋2000万円×0.3%×1/3＝6.5万円

特例措置の期間と期間外では約40万円の差！

まとめ

住宅ローンの返済に加えて毎年かかってきます。ローンと合わせて余裕をもって支払えるようにしましょう。

Section 06

住宅ローン控除について

住宅ローン控除は住宅ローン減税とも呼ばれ、税金が返ってくるという制度ということで知ってる方も多いと思います。制度について理解しておきましょう。

住宅ローン控除の条件と控除の内容

住宅ローン控除は、住宅ローンを利用してマイホームの取得または増改築をした場合、入居後10年（令和3年※までは条件を満たせば最大13年）間、年末のローン残高に応じて所得税・住民税から控除を受けられるしくみです。※入居は令和3年12月末ですが、契約期限もあり新築は9月末、建売は11月末までです。条件については左図をご覧ください。

控除額は基本的に1％になります。毎年の控除の上限があるので、年末のローン残高が4000万以上の場合は40万、新築の場合ローン残高がそれ以下の場合、例えば3000万の場合は30万円となります。控除額ですが、まずその年の所得税から差し引かれ、所得税額から控除しきれなかった分は、翌年分の個人住民税から控除されます。住民税から控除できる額は、次のいずれか少ない金額

①所得税で控除しきれなかった住宅ローン控除額

②所得税の課税総所得金額等の額×7％（最高136500円）となります。所得税や住民税をそこまで払ってないという方は控除元がないので、残念ながらこの制度の恩恵はフルにうけることはできません。

控除の手続き

給与所得者は、初年度のみ自分で確定申告をする必要がありますが、2年目以降は職場で行われる年末調整で還付が受けられるようになります。自営業者については、毎年の確定申告に住宅ローン控除を申告する事で納める税金を減らすことができるようになります。

内法面積と壁芯面積
内法面積は壁の内側を測って計算、壁芯面積は壁の中心線を基準として測って計算するため、壁芯面積のほうが若干広く、広告で使われるのはこちらの面積です。

住宅ローン控除

所得税
住民税

控除分が
戻ってくる

10年間
(13年)

令和3年までは控除期間拡充13年

控除条件

❶床面積40㎡以上(マンションは内法面積)
❷返済期間が10年以上
❸所得額3000万円以下

床面積40㎡以上
50㎡未満の場合
は1000万円以下

※中古住宅の場合、耐火建築物は築25年以内、それ以外は築20年以内。かつ耐震基準に適合するもの

	年末借入残高の上限	控除率	控除期間	最大控除額
～令和3年12月※2	4000万円 (5000万円)	1%	13年	1~10年目 400万(500万) +11~13年目 ※1の額
参考:平成26年3月	2000万円 (3000万円)	1%	10年	200万(300万)

() 内は認定長期優良住宅または認定低炭素住宅の場合。また、令和4年以降は未定（10年間に戻る見込)。
個人間（媒介）の中古住宅売買の場合、表の下段、参考の平成26年3月の金額と同様になります。

※1
11年目から13年目は①②のうちいずれか低い額
①住宅ローン残高の1%
②建物の取得価格（上限4000万円）×2%÷3

※2
入居は12月末までですが、契約の期限は新築は9月末まで、建売や増改築等は11月末まで。

<手続き>

サラリーマン、公務員等の給与所得者	初年度に確定申告すれば2年目以降は年末調整で自動
自営業者	毎年確定申告

- 準備するもの
- 確定申告用紙一式
- 住民票
- 土地建物の全部事項証明書
- 住宅ローン年末残高証明書
- 源泉徴収票　など

まとめ

住宅ローン控除は、戻る金額が大きいものなので、狙っていきたい。条件を理解して物件選びにいかしましょう。

Section 07

住宅ローン控除を満額受け取るのは結構難しい

最大毎年40万を10年間と聞くと、じゃあ４０００万以上の物件を買えば４００万は当然誰もが受け取れると感じられるかもしれません。しかし、これには厳しい条件があります。

満額もらうためには収入要件がある

住宅ローン控除ということで、所得税と住民税から減額される話をお伝えしました。払った税金以上に控除されることはないため、満額の最大額年40万控除を受けるためには、それに応じた納税をしている必要があります。

税については、家庭によりますので一概に言えませんが、ざっくりとした目安で計算すると、左中部の表のようになります。夫婦のうち1人が給与取得者として働きにでて、1人が家事をしている場合、およそ８００万程度の年収で満額の40万円を受け取ることができます。

一人でこの年収が厳しい場合、チャプター5で説明した、連帯債務やペアローンを考えましょう。この二つは夫婦両者とも住宅ローン控除を受けることができます。

満額もらうためには借入額も多くなる

年末のローン残高に対して控除率をかける計算になりますので、満額の40万を受け取るためには、返済を始めてから10年後にもローン残高が４０００万以上ないといけません。しかし、控除を受けるために借り入れを増やすというのは本末転倒です。

いずれにしても控除を満額受けられたらいいとは思いますが、毎年40万控除が受けられる前提で考えるのではなく、住宅購入を決める前にざっくりでも自分ならどれくらい控除されるかの額を計算しておくのが良いでしょう。

控除を満額受け取るための条件

新築や建売の場合	年末借入残高の上限	控除率	控除期間	最大控除額
～令和3年12月 ※2	4000万円 (5000万円)	1%	13年	1~10年目 400万 (500万) 円 +11~13年目 ※1の額

() 内は認定長期優良住宅または認定低炭素住宅の場合
※1　11年目から13年目は①②のうちいずれか低い額
①住宅ローン残高の1%
②建物の取得価格（上限4000万円）×2% ÷3

※2
入居は12月末までですが、契約の期限は新築は9月末まで、建売や増改築等は11月末まで。

40㎡以上で4000万円以上の物件ならみんな年40万を10年にわたり控除され、10年で合計400万円の控除を受けることはできるのか

❶満額の年40万円の控除を受けるためには自分自身が40万円に見合った納税が必要

夫婦のうち一人が給与所得者、子供なしの場合
年収
400万円　→　控除額　約20万円
600万円　→　控除額　約30万円
800万円　→　控除額　約40万円
控除が受けられる目安としての年収

※家庭の状況によって変わるのであくまで目安です

1人で年収800万円が厳しい場合はチャプター5のペアローンや連帯債務を検討

❷また10年に渡って返済して、ローン残高も減っていくので、10年後も4000万円以上のローン残高がないと年40万円の控除にはならない

ローン残高が減っていく
ローン残高×1%のため、4000万円の物件では2年目から控除額は40万円以下になる

まとめ

控除を満額受けるのは難しいため、満額受け取る前提でギリギリになるような計画を立てない。夫婦の場合はペアローンなどの検討を。

Section 08

すまい給付金について

住宅ローン控除を満額もらうにはある程度の年収が必要でしたが、その補完となるのがすまい給付金です。こちらは年収が低いほうが受け取る金額が高くなる仕組みになっています。

すまい給付金はどれくらい受け取ることができるか

住宅ローン控除は10年間の制度でしたが、すまい給付金は一回で受け取るものです。なお、この制度は消費税引き上げにともなう負担を減らすためのものなので、消費税のかからない形で住宅を購入（個人売買で中古住宅を買ったなど）した人は対象になりません。

受け取る金額については収入が低いほど受けることができる金額が大きくなります。左図を見ていただければ年収の目安がわかると思いますが、住宅ローン控除をフルに受けられる目安の年収800万以上の方は、こちらは受け取れない形になっています。

受け取る金額の計算方法は決められた給付金基礎額に持分割合をかけます。持分割合がある人は全員受け取る権利があるとして、それぞれの収入で計算します。なお、令和4年12月末までに入居が必要です。

対象となる住宅の条件は40平米以上

対象となる住宅の条件は新築か中古か、住宅ローンでの購入か現金かでそれぞれ細かく条件があります。詳しくは、すまい給付金ホームページでご確認ください。

大きくは床面積が40平米以上で、品質が確認された住宅（住宅瑕疵担保責任保険加入や建設住宅性能表示を利用したといったもの）であることです。40平米以上というのは住宅ローン控除と同じで、マンションの場合は内法面積です。申し込みは住宅ローン控除のように確定申告を行う形ではなく、必要書類を準備してすまい給付金の申請窓口か郵送で申請を行います。

すまい給付金

住宅ローン控除と併用可能、収入が範囲内なら「すまい給付金」

※令和4年12月末までの入居期限があります

収入の目安	450万円以下	450万円超～525万円以下	525万円超～600万円以下	600万円超～675万円以下	675万円超～775万円以下
給付基礎額	50万円	40万円	30万円	20万円	10万円

※消費税税率10%での購入の場合
※収入額の目安は扶養対象となる家族が一人の場合の試算

給付基礎額 × 持ち分割合 ＝ 給付額

例 年収550万円の夫と専業主婦の妻。持ち分夫80%妻20%の場合

夫 給付基礎額30万円 × 持ち分80% ＝ 24万円
妻 給付基礎額50万円 × 持ち分20% ＝ 10万円

34万円受け取れます

対象となる住宅の条件:前提として消費税のない取引(中古住宅の個人売買等)は対象外です。
床面積40㎡以上:検査により品質が確認された住宅※(新築は工事時、中古は売買時)※品質についてのくわしくは住まい給付金のHP等をご覧ください。http://www.sumai-kyufu.jp/
現金購入の場合は、上記に加えて50歳以上で収入が600万円以下

申し込み方法
住まい給付金申請窓口で申請するか、郵送で住まい給付金事務局に必要書類を送付する※住まい給付金特約を締結している事業者に代理を頼み、住宅代金に充てることもできます

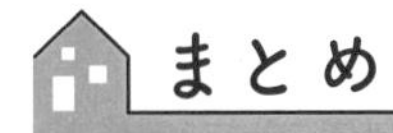
まとめ

すまい給付金は住宅ローン控除と併用できるので、条件が合えば申請しましょう。持ち分割合がある人なら全員可能です。

Column

住宅ローン控除が2分の1になる中古物件の個人間売買の見分け方

住宅ローン控除について説明する場合、一般的に最大額が大きく扱われるので、「最大約400万（年だと40万）」ということで頭に入れてる人も多いと思います（本書でもそのような形での説明になっております）。

ただ、こちらわかりやすいためこのような説明になっているだけあり、実際には例外があります。それが「中古物件の個人売買」です。

セクション06に書かせていただきましたが、個人間の中古物件の売買については、最大控除額200万（年20万の10年）となり、控除額はおよそ2分の1になります。なぜこうなるのかは、この制度が消費税の増税の際に納税者の負担軽減策としてある程度手厚くしたという流れがあるものだからです。消費税の影響を受けないものについては、消費税5％時代に設定された控除額のままなんですね。

新築や建売、業者から購入する中古物件というものについては、建物に消費税がかかりますが、個人間売買の中古物件については消費税がかかりません。この消費税なし／ありのどちらに属すかで控除額としては最大200万円の差が出てくるわけです。

ではどうやって消費税ありかどうかを判別するかですが、これは「売主が個人かどうか」です。ここを確かめるためには、正確には登記簿謄本などで、その住宅の所有者が誰になっているかを見る必要があります（不動産会社に確認してください）。また、まだそこまで検討が進んでない場合は、物件広告の「取引形態」という項目を見ることで多少の予測をつけることも可能です。ここが「媒介（仲介）」となっている場合は、売主が個人のケースが多いです。ただ、ここも確実ではないので、検討が進んだら、きちんと確認するようにしましょう。

時々「不動産会社が間に入ってるから個人間売買じゃないですよね」という方もいらっしゃいますが、大きな誤解です。売主が個人であれば、業者を通そうとも個人間売買にあたります。あとで思い違いがないように事前に確認するようにしておきましょう。

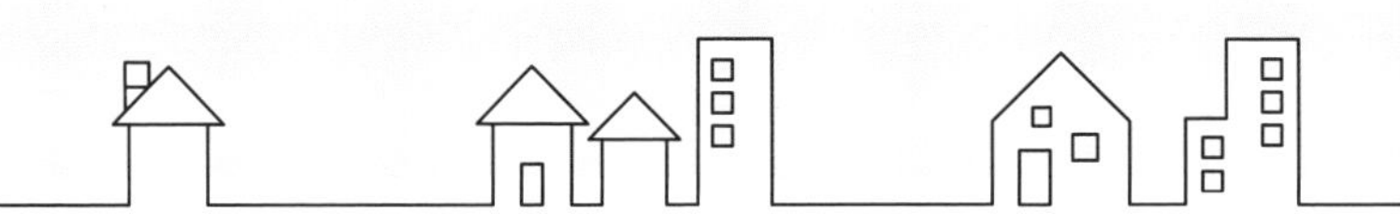

手放すとき、返せなくなったとき

Section 01

自宅の売却時は税金はあまりかからない場合が多い

本書を読まれている方にはかなり先の話ですが、不動産を売却する場合、それに応じた税金がかかります。ただ、自宅の売却に限れば控除などが大きいので税金の心配はそこまでしなくてOKです。

自宅の売却には特例があり、譲渡所得の税金は軽減される

左図を見ていただきたいのですが、所得税がかかるケースは多くはありません。課税された場合も、3000万円の控除の特例や、特定居住用財産の買いかえ特例があるので支払う税金の額としては大きくなりません。

課税される場合の税率については、5年以内での売却の場合、39・63%、5年以上の場合は20・315%です。また10年以上の場合軽減税率が適用され、譲渡所得6000万以下の分は14・21%、それ以上の分20・315%となります。

2つの大きな特例については左図にまとめています。この2つの併用はできないので、どちらかを選択する必要があります。また、買い換え特例については、その他細かい諸条件がありますので、実際に利用される場合は国税庁ホームページなどでご確認ください。

損失が出た場合の救済

主に売却益があった場合の課税についてお伝えしてきましたが、所有期間が5年超の自宅の売却で、譲渡損失があった場合の救済として、その年のその他の所得（例えば給与所得）からその損失を差し引くことができます。また、その年で差し引ききれなかった損失分は、翌年、翌々年、翌翌々年の3年に渡って繰り越して差し引くことができます。この制度を使うには確定申告が必要です。また、こちらも細かい条件がありますので、実際に利用される際は国税庁のホームページなどをご確認ください。

自宅の売却時の税金

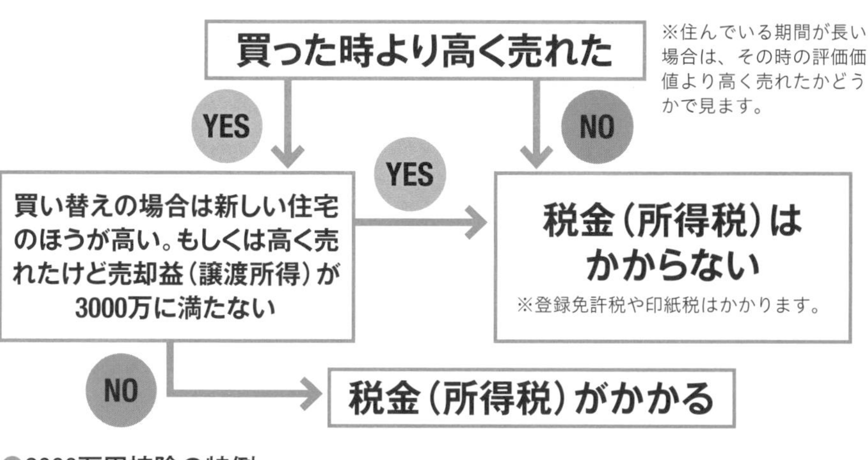

●3000万円控除の特例

ここに税金がかかる

譲渡対価（売却益）			
取得費用 ※減価償却を差し引く	譲渡費用 （仲介費用など）	特別控除 3000万円	課税部分売却益

●特定居住用資産の買い換え特例

ただしいずれも前年および前々年にいずれかの特例を受けている場合は適用されない。また、特定居住用資産の買い換え特例は居住期間が10年以上であるといった条件があります。※その他細かい条件がありますので、実際に制度を使う場合はその時期の最新の条件を国税庁のホームページなどでご確認ください。

まとめ

3000万円の控除の特例と買い替え特例は併用できないので選択を。また、5年以内の売却は税率が上がるので注意しよう。

Section 02

転勤になった場合

転勤になったら自分が住むという大前提が崩れることになりますので、どうするかを決めて借り入れしている金融機関に相談する必要があります。

転勤の場合はまず金融機関に相談

転勤となった場合、自分で住むという形ではなくなります。金融機関としては融資した前提が崩れるのですが、不可抗力ですので、住宅ローンを即全額返済しなさいというケースはありません。ただし、勝手に住宅ローンで購入した物件を賃貸に出していると、投資目的だったのに騙して借りたと認識されてしまいます。こうなってしまうと、金融機関によっては全額返済を求めることや、投資用の高い金利に切り替えるなどの措置もとられてしまいます。

物件は抵当が入っていますので、勝手に売ることもできません。転勤などの場合は、どうするかを考えて、きちんと金融機関に相談し許可をとるようにしてください。

売る、貸すの注意点

転勤になった場合、取れる対処は売るか貸すかのいずれかです。それぞれ注意点があります。

売る場合の注意点

売却価格がローン残高に満たない場合は、その差額を別途用意しないと売るに売れません。また、売却にも諸経費がかかってしまいます。

貸す場合の注意点

住宅ローンのほかに、固定資産税・都市計画税がかかりますし、賃料は不動産収入としての税金もかかります。また、貸すためには借り手を探してもらったりするための管理会社への費用、借り手が変わるたびに修繕費用などが必要です。貸した場合は住宅ローン控除はなくなります。

転勤になった場合の注意点

転勤になる

❶売る
❷貸す
❸家族を残して単身赴任

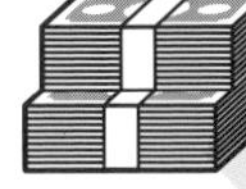

売る場合の注意点

売却額が残りのローン＋売却の諸費用を下回ると、売るために追加でお金を払わないと売れないということになる。

貸す場合の注意点

貸した賃料が住宅ローンの返済額を上回らないと毎月赤字になる。賃料のほかに税金、および賃貸経営のための費用も必要。また居住してないので、住宅ローン控除は受けれない。

単身赴任の注意点

単身赴任で家族が住み続けるのであれば大きな問題はないが海外の転勤の場合は所得税·住民税から戻る住宅ローン控除はうけられなくなる

海外の場合

住宅ローン
控除

まとめ

売る、貸す、いずれにしても金融機関への相談が必要です。その後、売る場合は販売業者に、貸す場合は賃貸客付け業者や管理会社にあたりましょう。

03 Section

返済が苦しくなると思ったら早めの行動を

返済が苦しくなった場合、金融機関に早めに相談することで救済措置を取ってもらうことができます。逆に相談が遅くなりますと、本来お願いできた措置もとれなくなりますので早めに相談しましょう。

度合いと期間に応じて対処方法を相談しましょう

最終的な対応は金融機関によって違うので一概に言えませんが、左図のようなことが金融機関に相談できます。まず、ちょっとした返済方法の変更で対応できるようでしたら、基本的に費用もかからずにできる形の返済条件変更を行うのがいいでしょう。毎月払いのみからボーナス併用払いへの変更、元金均等返済から元利均等返済への変更といったものです。

また、怪我をしてしばらく働けない、産休をしてすぐに職場に戻る予定といった一時的な場合は、返済計画の変更ということで、一定期間毎月の返済額を軽減してもらったり、返済期間を25年間から30年への延長をしてもらったりなどを相談することができます。この場合、今後どのように返済するか、本当に返済できるかなどを金融機関に再び審査をしてもらうことになります。これら手続きには条件変更手数料や追加保証料といった費用がかかる場合があります。

返済額を長期的に大きく下げないといけないといった場合には、より長い期間借りられる金融機関や金利が大きく下がる金融機関への借り換えなどを検討する必要が出てきます。この場合も、その時の収入などの状態で再度審査を受けることになります。また、その都度諸費用がかかります。

早めに行動に移し、延滞は避ける

ものによって相談した後、実行に時間がかかるものがあります。グズグズしている間に延滞などが起こってしまうと、審査に影響しますので、すぐに金融機関に相談するようにしましょう。

借り換えについて
第7チャプターのセクション9も参照ください。

返済が苦しくなったら

返済に苦しくなると思ったら早めの行動を！

軽度の返済条件変更で減らせる余地がある場合

- 毎月払いのみ→毎月払いとボーナス払い併用
- 元金均等返済→元利均等返済

申請を行う。費用はかからない。

一時的な場合は返済計画の変更

- 一定期間、毎月の返済額を軽減
- 返済期間の延長
- 一時的に利息のみの返済をする

審査
します

追加で諸費用がかかる場合があります。また、時間もかかります。

長期的な場合は全体を見直し

- 借り換え（期間延長･金利プラン変更）
- 買い換え

審査
します

数か月時間がかかる場合もあります

対処できない場合、最悪強制的に売却になります。遅れれば遅れるほど対処する手がなくなってくるので延滞を起こす前に早めに行動しましょう

まとめ

対応が早いほど対策がとれるので、問題が短期的なものか長期的なものかを判断し、速やかに金融機関に相談をしましょう。

Section 04

住み替えローンを使って住宅ローンを減らす

住み替えというと、住宅をグレードアップするときに使うイメージですが、逆にグレードダウンさせることで、毎月のローンの返済額を減らすひとつの手になります。本当に苦しい場合の手です。

売却で損した部分も含めて借り直す

住宅ローン残債以下の値段でしか住宅が売れない場合、不足分の現金を別途用意しないとその住宅は売れません。これは住宅が金融機関の抵当になっているためで、抵当を外すためには全額返済が条件なのです。

しかし、買い換えて、新しいローンを組み、そのローンに以前の不足分を上乗せさせることができれば、売却が可能になります。

住み替えローンを使って月の返済額を減らす場合の注意点

住み替えローンは、担保となる新しい住宅の金額に前の残債が乗ってくることになるので、住宅の担保価値より多く借り入れをしていることになります。金融機関としてはリスクが大きくなるので、通常の住宅ローンより金利を高く設定するケースが多いです。このため、返済期間も長くしたりしないと、月の返済額は減らないということが起こります。この場合は、返済期間が長期化することになり、金利が上がり返済期間が延びるために、利息が増えるので注意しましょう。

なお、売却と購入を同じタイミングで行うことになるので、準備が必要です。新しい住居の契約は結んだのに売却ができてないという状態では支払うことができません。こういったケースでもペナルティを払わないで済むよう、新しい住居の購入を申し込む際、買い換えの特約が結べないか相談しておきましょう。ただし、相手側にはメリットがないので、承知してくれない場合もあります。

住み替え(買い換え)もひとつの手段

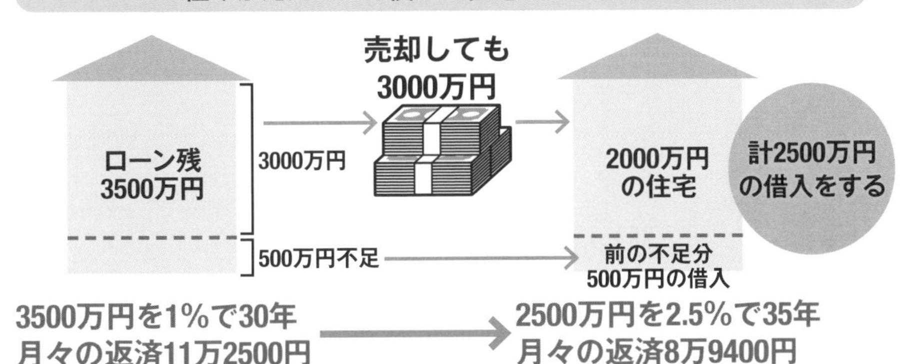

3500万円を1%で30年
月々の返済11万2500円
→
2500万円を2.5%で35年
月々の返済8万9400円

売却額がローンの残債に満たない場合、別途不足分のお金を持っていないと売ることができない(金融機関の抵当に入っているため。抵当をなくすためには全額返済が条件)

しかし元の住宅より安い住宅を購入、不足分も合わせて住みかえローンで借りることで、売却+新しい住宅+ローンを減らす　ということが可能。

ただし
- 住みかえローンになるので金利は高くなる
- 住宅のグレードは下がる
- 返済期間は基本的に長くなる

なお、手持ちの住宅を売るタイミングと新しい住宅を買うタイミングを合わせる必要があります

まとめ

グレードを落とした住宅に買い換えることで返済額を減らせる場合がある。リスクもあるので、理解した上で、奥の手として覚えておきましょう。

Section 05

延滞が続いた場合

返済が困難になり、金融機関にも相談せず、そのまま放っておくと最悪の場合、強制執行ということで競売にかけられることになります。念のためどのような流れになるか知っておきましょう。

延滞が続いた場合、以降は一括請求になる

住宅ローンの支払いが1ヶ月延滞しただけでは特に督促などのお知らせは届きません。逆に何もいわず遅延損害金として、遅延している分の元金に対して、約14％の金利が日割りでかかってきます。

しばらくすると督促状が届きます。さらにそれを放置していると「期限の利益喪失」に関する通知が届きます。この段階になると返済は今までのような毎月にいくら支払うということではなく、一括返済をしなければならなくなります。保証会社と契約している場合は、金融機関は保証会社に保証の履行の請求を行います。

返済の請求者が保証会社に変わります。返済が難しい場合は保証会社は裁判所に対象の不動産についての競売を申し立て、債権の回収を行うことができます。また、話し合いで保証会社が認めてくれれば、一般の取引と同じように不動産会社を通じて売却できる任意売却という手もとることができます。

なお、個人版の民事再生の住宅資金特別条項を適用させるという方法で、自宅を手放さないで済む可能性もあるので、競売や任意売却の段階に至る前に一度弁護士に相談するのをおすすめします。

競売・任意売却で残ったローンは帳消しにはならない

延滞が続くと、最終的に住宅を手放さざるを得ない状態になるのですが、自宅を売却すればそれで終わりではありません。売却してもまだ返済額に満たない場合は、残額に対して支払いの義務があります。再度保証会社との話し合いになりますが、月々現実的に支払える額を交渉することになります。

返済が滞った場合の流れ

住宅ローンの支払いが一定期間滞り、金融機関から督促状が届く

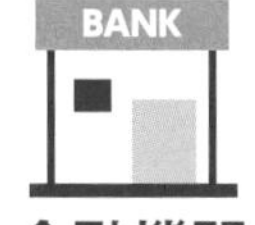

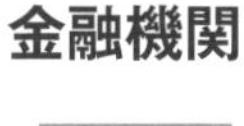

クレジットカードなども作れなくなります

さらに延滞が続いた場合、金融機関は保証会社へ保証の履歴請求を行う
※保証会社と契約をしている場合

一括請求を行う形に変わります

保証会社が金融機関へ残債を支払い、今度は保証会社が返済を求めて請求を行う形になる

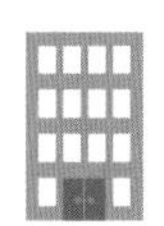

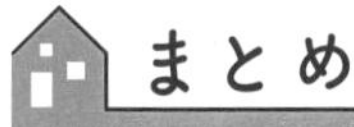

保証会社が裁判所へ競売の申し立てを行い、競売へ

保証会社と話し合いをし、合意が取れれば任意売却へ

まとめ

いきなり競売になるということはなく、段階を踏んで進む。何があってもあきらめず、次の段階に進む前に対処をしていきましょう。

Section 06

競売と任意売却の違い

返済できない場合に出てくる2つの用語ですが、それぞれまったく違うものになりますので何が違うかを理解しておきましょう。

売る市場がまったく違う

競売は裁判所の元で行われ、基本的には業者が入札を行なっていくものです。いわゆるオークションになりますが、他の人の入札を見てさらに高くするといった形ではないので、値段が釣り上がるということはありません。また、参加者は業者が多いので落札した後に手数料などの利益を乗せて一般の方に売る前提の価格になります。また、業者がメインなので、小さなマーケットになっています。

任意売却は普通の不動産の市場で売られます。不動産会社に委託をして、販売してもらう形ですが、その先にはいわゆる一般の人が数多くいて、そこに直接働きかけることになります。いわゆるポータルサイトを通せばかなりの人数の目に触れることになります。最終的に住む人が買うので、業者より高く買ってもらえる可能性が高いと言えます。

一般的には競売は一般市場の7割程度の金額での販売になると言われていますが、これは上記のマーケットの違いが大きな理由でしょう。

基本は任意売却

返済が滞ったとき、もうどうにもならないとそのままにしておいてしまうと上記の競売の形になってきます。ただし、見ていただいた通り、傷の深さは同じではありません。傷が浅ければ復活もできますし、任意売却であれば強制退去もないので、後述するやり方で住み続けることができる可能性もあります。任意売却に進める大きなポイントは早目に手が打てるかどうかですので、すぐに対応するようにしましょう。

ポータルサイト
SUUMO、HOME'S、アットホームといった、不動産業者が運営しているユーザーの入り口になるサイト。

競売と任意売却の違い

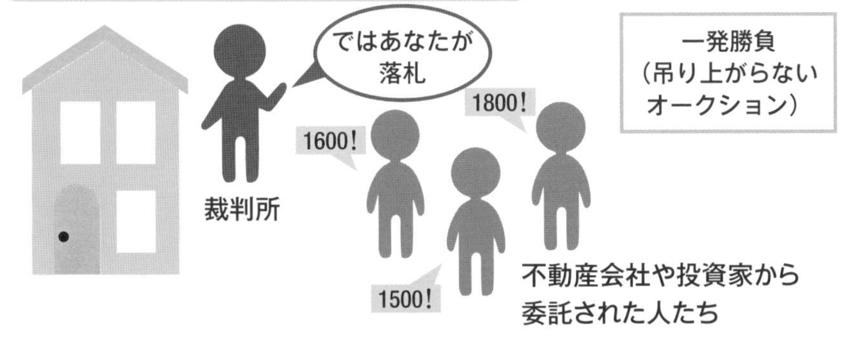

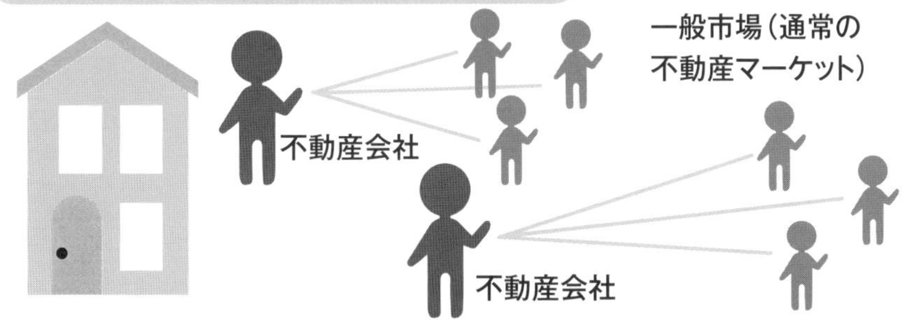

マーケット規模の大きい一般市場のほうが高く売れる！

基本的に任意売却のほうが条件がいいので、早めの対処で何とか任意売却の方向で進める努力を

まとめ

競売と任意売却ではマーケットの大きさが違う。何とかして任意売却に持ち込めるようにあきらめずに対処していきましょう。

Section 07

任意売却について

競売に対し任意売却のアドバンテージは金額以外にもあります。利用できる部分をある程度理解したうえ、任意売却を実際に行う場合のポイントを理解しておきましょう。

任意売却で取れる手段

返済が滞って、いざ売却となった場合も、任意売却を行うことで救済される部分もあります。

リースバック

買主との交渉で、現在の住宅に住み続けることができる可能性があります。所有権は買主に渡りますが、別途買主と賃貸契約を結び、家賃を払って住み続けるということです。子どもの学校が変わりたくないという場合や、引越し費用がかなりかかるという場合には有効でしょう。うまく交渉がまとまれば希望の家賃で今までとほぼ変わらない生活ができる可能性があります。

費用控除

一般的には不動産売買の諸費用については、現金を用意しなければならないわけですが、任意売却にいたっている時点で、まとまった現金はないことの方が多いと思われます。そういった場合に、いったん売却した額からその分の諸費用は控除しておいて、手持ちがなくても売却できる状態にしてくれるというものです(交渉は必要)。控除といってもなくなるのではなく、残債に入り、あとで返していくという形になります。

任意売却のポイント

任意売却のポイントとしては、この段階ではすべての権利はもう金融機関(保証会社)にあるということです。売るかどうか、価格はどうするかどうかも、許可を取って進める必要があります。金融機関(保証会社)と、いくらで売りに出すかなどの条件の相談をして、同意を得た上で不動産会社に依頼をして進めていく形になります。

任意売却について

任意売却とリースバック

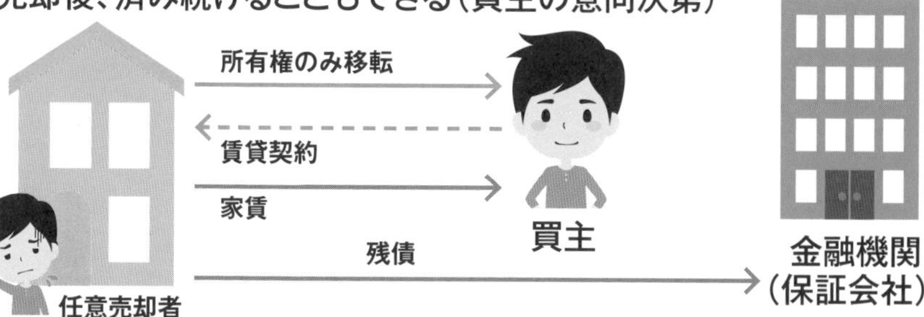

任意売却の費用控除

金融機関（保証会社）との交渉になりますが、一般的に売買における諸費用においては別途現金を用意しないと売るに売れないですが、その部分をいったん控除してくれる形になります。※金融機関（保証会社）の判断による。また、基本的には控除分は残債に加えられます。

- 仲介手数料
- 印紙代
- 登記費用
- 滞納税金
- 引っ越し代
- マンションの場合の管理費・修繕積立金

任意売却の場合のポイント

❶金融機関（保証会社）の許可が必要なので早く相談

❷競売の通知がきても、入札開始の前日までに売却完了していれば回避できる。一般の売却には時間もかかるので早く決めるためにやれることはすばやく行う（内覧などは即応じること）

まとめ

時間がかかると条件の悪い競売になってしまうので、速やかに売却できるようにしましょう。金融機関への連絡も細目に行いましょう。

適合証明について

定められた技術基準に適合している証明が必要。

注意点

①適合証明交付の手数料が必要
②証明書交付のための時間がかかる
（決済までに時間がないと難しくなる）

交付を受けるための流れ

<新築住宅>

設計検査

技術基準に適合しているか設計図などで検査

↓

中間現場検査

工事途中の段階で、工事が技術基準に適合しているか、現地に出向き検査

↓

竣工現場検査

工事完了後に、現場に出向き最終検査

↓

合格すれば交付

<中古住宅>

物件検査

技術基準に適合しているか調査書類の確認と現地に出向き検査

↓

合格すれば交付

適合証明書を省略できるパターンももある

既に住宅金融支援機構が定める維持管理基準と、耐久性基準等に適合することがあらかじめ確認されている一部の物件については「適合証明省略に関する申出書」を提出することで、適合証明書を省略できる（中古マンションらくらくフラット35に登録されているものや、築年数が20年以内で新築時に長期優良住宅の設定をうけているものなど。購入物件が対象かどうかは仲介の不動産会社にお尋ねください）。

巻末付録①

フラット35の概要と適合証明書について

本書では主に利用者の多い民間の金融機関が行う一般の住宅ローンについて書いてきました。フラット35についても基本的な考え方は同じですが、条件が異なる部分もありますので以下に概要等を記載します。

概要

利用者条件	日本国籍のある人、永住許可をうけている人または特別永住者
用途要件	本人が所有し、本人・親族が住むための新築住宅の建築・購入もしくは中古住宅購入のための資金（リフォームのみは不可。借り換えは利用可能）。
年齢条件	申し込み時満70歳未満の方
借入の条件	年間の返済負担率が 年収400万円未満　　30％以下 年収400万円以上　　35％以下
物件条件	・一戸建ての場合は住宅部分の床面積　70㎡以上 ・共同住宅（マンション等）　専有面積　30㎡以上 ・耐久性などについて、技術基準に適合していること （一戸建て：竣工時に建築基準法に定める検査済証が交付されるもの。共同住宅：住宅金融支援機構が定める管理維持基準に適合する住宅）
借入額	100万円以上8000万円以下
返済期間	①か②のいずれか短い期間 ①15年以上35年以内（60歳以上の場合は10年以上） ②完済時の年齢が80歳になるまでの年数
返済方法	・元利均等返済または元金均等返済 ・ボーナス時の増額返済も併用可
金利	全期間固定金利
保証人	不要
保証料	なし
団体信用生命保険	任意 加入の場合月々の返済に費用が含まれる

※フラット35にはバリエーションがあり、長期優良住宅の認定を受けた場合はフラット50のような制度もある。
このフラット35の借入基準などは改訂されることもあり、最新の情報は住宅金融支援機構ホームページで確認するようにしてください。

財形住宅融資の借入可能額について

・収入に応じた返済負担率基準から算出した額
・物件費用の90％
・財形貯蓄残高の10倍

上記3点の **いずれか低い額**（上限4000万円）

在家住宅融資の申し込み窓口

勤務先におって窓口が変わるので利用を検討している方は勤務先に確認しておきましょう。

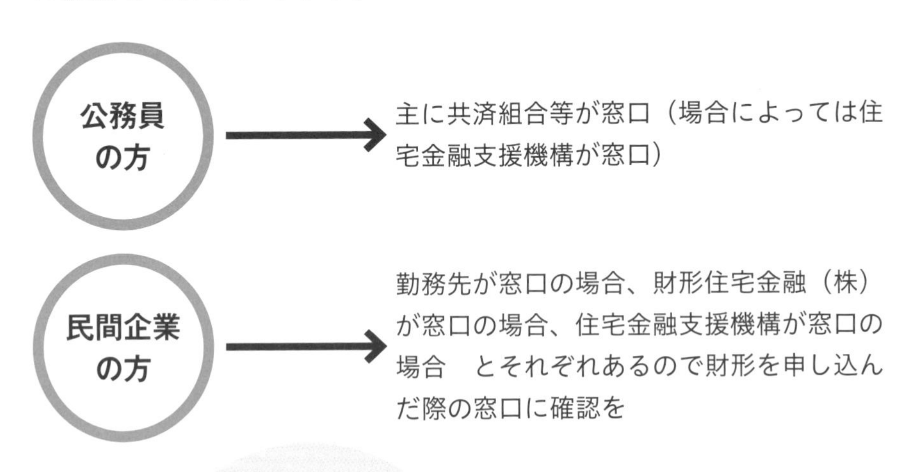

借入限度額がありますが、フラット35と併用することが可能。また、5年ごとに金利の見直しがありますが、見直しの際の金利の上限・下限がないことも大きな特徴です。

巻末付録②

財形住宅融資の概要

近年利用者数が減少しており、窓口も人によって違いがあったりするため本文の方では詳細は割愛しておりましたが、現在勤務先で財形貯蓄をやってる方もいらっしゃるかと思いますので概要を以下にまとめます。

概要

利用者条件	一般財形貯蓄、財形年金貯蓄、財形住宅貯蓄のいずれかを1年以上続け、申込日前2年以内に財形貯蓄の預け入れを行い、申込日における残高が50万円以上ある人
年齢条件	機構財形：申し込み時満70歳未満 財形住宅金融：申し込み時満20歳以上66歳未満
借入の条件	・財形貯蓄残高の10倍の額 ・費用の9割が上限
物件条件	財形住宅金融の場合 **新築** ・一戸建ての場合は住宅部分の床面積　70㎡以上280㎡以下 ・共同住宅（マンション等）　専有面積　40㎡以上280㎡以下 **中古** ・専有面積　40㎡以上280㎡以下 ※細かい条件が多いので、実際に検討する場合は財形住宅金融や住宅金融支援機構のホームページなどで詳細をご確認ください。
借入額	4000万円以下
返済期間	①か②のいずれか短い期間 ①新築住宅の場合：35年（最長） 　中古住宅の場合：25年または35年（最長） ②年齢による最長返済期間 　80歳−申し込み時の年齢（1年未満切り上げ）
返済方法	元利均等返済または元金均等返済
金利	・適用金利は申し込み時点の金利 ・返済開始から終了まで5年固定（5年ごとに金利をみなおし） ・5年ごとの適用金利見直しの際、上限・下限なし ※ただし、元利均等返済の場合、原則として見直し後の返済額は見直し前の返済額の1.5倍が上限になる（未払い利息は発生）
保証人	不要
保証料	機構財形：なし 財形住宅金融：必要
団体信用生命保険	原則必要

※財形住宅融資の融資上限は4000万ですが、フラット35と併用が可能です。

（単位：万円）

年	年	年	年	年	年
歳	歳	歳	歳	歳	歳
歳	歳	歳	歳	歳	歳
歳	歳	歳	歳	歳	歳
歳	歳	歳	歳	歳	歳
歳	歳	歳	歳	歳	歳
円	円	円	円	円	円
円	円	円	円	円	円
円	円	円	円	円	円

（単位：万円）

年	年	年	年	年	年
歳	歳	歳	歳	歳	歳
歳	歳	歳	歳	歳	歳
歳	歳	歳	歳	歳	歳
歳	歳	歳	歳	歳	歳
歳	歳	歳	歳	歳	歳
円	円	円	円	円	円
円	円	円	円	円	円
円	円	円	円	円	円

巻末付録③

ライフプランシート

（単位：万円）

今年を記入		年	年	年	年
家族の名前		歳	歳	歳	歳
		歳	歳	歳	歳
		歳	歳	歳	歳
		歳	歳	歳	歳
		歳	歳	歳	歳
予定や ライフイベント					
上記に必要な金額		円	円	円	円
その年の貯金		円	円	円	円
貯蓄残高		円	円	円	円

（単位：万円）

		年	年	年	年
家族の名前		歳	歳	歳	歳
		歳	歳	歳	歳
		歳	歳	歳	歳
		歳	歳	歳	歳
		歳	歳	歳	歳
予定や ライフイベント					
上記に必要な金額		円	円	円	円
その年の貯金		円	円	円	円
貯蓄残高		円	円	円	円

通信費チェックシート どこか安くできないか検討しましょう

誰のもの	会社名	つけているオプション	月々の支払金額

保険チェックシート 無駄なものないか、安くできないか検討しましょう

誰にかけた保険	会社名	保険で受け取れる額	支払い期間	月々の支払金額

預貯金 使用用途ごとにいくらをどこに振り分けるか書きましょう

マイホーム用	教育・その他用	老後用

巻末付録④

生活費見直しシート

	（参考目安※）	現在の概算	見直し必要なら✓	
食費	14%			
住居	25%			
水道光熱費	6%			
交通・通信費	6%			★①
日用品や家具	5%			
被服費	4%			
保険・医療	8%			★②
教育	5%			
小遣い・娯楽	15%			
預貯金	12%			★③

※目安は総務省　家計調査報告書（2名以上の家庭）を参考に調整・再計算したものです。家族の人数、年齢などで変動するのであくまで目安としてご確認ください。

★マークの部分は、見直しやすく見直し後も継続しやすい項目です。

例：①スマホのキャリアを格安のものに変える
　　②戻り率の低い貯蓄型生命保険を安い掛け捨ての保険に切り替える
　　③小遣いを減らす　など

巻末付録⑤

便利なサイト·アプリ

住宅ローンの計算には、以前は表計算ソフトなどを使って自分自身でシミュレーターを作らなければいけませんでしたが、現在はウェブサイトやアプリケーションで多くの会社がシミュレーター提供しております。便利なものを一部紹介いたします。

●月々の返済額や返済総額など、住宅ローンの基本的なシミュレーションしたい場合

住宅ローンシミュレーター	
銀行系 ウェブサイト	手早く住宅ローンのコストを確認したい方は銀行系のウェブサイトがお勧めです。検索サイトで「住宅ローンシミュレーター　金融機関」と入力すれば銀行系のシミュレーターが出てきます。三井住友銀行、イオン銀行、などさまざまな金融機関から提供されています。
アプリ	細かく設定を変えたり、先々の詳細な額まで見たい場合にお勧めです。各スマートホンのアプリのストアで「住宅ローン　計算」など入力すれば出てきます。「住宅ローン計算シミュレーター」、「どこでもローン計算」、「ローン計算　iLoan Calc」など。
住宅ローン繰り上げ返済シミュレーター	
ウェブサイト	銀行が運営しているものや、一般企業がやっているものなどさまざまです。「住宅ローン　繰り上げ返済　計算」で検索サイトで調べてください。三井住友銀行の一部繰り上げ返済シミュレーション、カシオのKe!Sanなどが出てきます。
アプリ	細かく比較したい場合など、アプリがお勧めです。「住宅ローン　繰り上げ返済」などで検索しましょう。「ローンメモ繰上　住宅ローン繰り上げ返済計算シミュレーター」「ローン計算　iLoan Calc」などがでてきます。
住宅ローン借り換えシミュレーター	
銀行系 ウェブサイト	各金融機関のホームページ上で展開されており、借り換え先として狙ってるところが提供している場合はそちらを使うのがお勧めです。検索サイトで「住宅ローン　借り換えシミュレーター」で出てきます。みずほ銀行や全国銀行協会などが提供しています。
アプリ	各アプリのストアで「住宅ローン　借り換え」と入力するとでてきます。「ラクトク～住宅ローン借り換え～」といったものがあります。

巻末付録⑥

保有資産と頭金整理シート

（単位：万円）

資産	
預貯金（現金）	円
株式	円
投資信託	円
債券	円
その他の金融商品（仮想通貨等）	円
保険（貯蓄型のもの）	円
不動産	取得時 円 現在の市場価格 円
その他の資産	円
Ⓐ資産の合計	円

Ⓓ換金性の高い資産（預貯金（現金）～その他の金融商品（仮想通貨等））

Ⓐの合計にはいずれかで計算（不動産：取得時／現在の市場価格）

（単位：万円）

負債（借入残高）	
住宅ローン	円
自動車ローン	円
教育ローン（奨学金含む）	円
カードローンなど目的フリーのローン	円
その他の借り入れ	円
Ⓑ負債の合計	円

Ⓐ資産の合計－Ⓑ負債の合計

＝Ⓒ純資産 ［　　　］円

＝Ⓓの資産 ［　　　］円 ＋ 住宅購入に際して受ける贈与※ある場合のみ ［　　　］円

自己資金

＝ ［　　　］円

手元に残すお金（生活費や税金、保険といった諸費用）

［　　　］円

継続して貯蓄しておきたいお金

［　　　］円

頭金

［　　　］円

配分しましょう

頭金として使っていいのはこの金額まで！

●物件比較のための得点シート

物件名				
価格	円	円	円	円
住宅ローン控除の可／不可	○・×	○・×	○・×	○・×
	点	点	点	点
	点	点	点	点
	点	点	点	点
	点	点	点	点
	点	点	点	点
	点	点	点	点
	点	点	点	点
総合得点	点	点	点	点

左ページで優先順位の高いものを色付の枠に記入。
それぞれ10点満点で点をつけましょう。

※総合点の高いものが優先的に検討すべき物件になります。価格と住宅ローン控除の有無を合わせて最終的な物件の優先順位を検討してください。

巻末付録⑦

必要な家の条件記入シート

優先順位	ポイント	条件許容範囲
	築年数	
	耐震性や構造	
	設備	
	間取り・部屋数	
	敷地面積（マンションは専有面積）	
	陽当たりや向き	
	エリア	
	駅や主要道路への所要時間	
	交通手段	
	勤務地や学校までの距離	
	周辺施設の利便性	
	学区	
	治安	
	景観	
	駐車場の有無・広さなど	
	その他	

※こだわらない項目は白紙で構いません。最後に優先順位を1～10というような形で記入ください。

金融機関名 ＜　　　　　　　　　　　　＞	金融機関名 ＜　　　　　　　　　　　　＞	金融機関名 ＜　　　　　　　　　　　　＞
□全期間固定　＜　＞％ □変動金利　＜　＞％ □固定金利選択型 　当初＜　＞年＜　＞％ 　上記終了後＜　＞％	□全期間固定　＜　＞％ □変動金利　＜　＞％ □固定金利選択型 　当初＜　＞年＜　＞％ 　上記終了後＜　＞％	□全期間固定　＜　＞％ □変動金利　＜　＞％ □固定金利選択型 　当初＜　＞年＜　＞％ 　上記終了後＜　＞％
□あり 　条件・期間・金利等 　＜　　　　　　　　＞ □なし	□あり 　条件・期間・金利等 　＜　　　　　　　　＞ □なし	□あり 　条件・期間・金利等 　＜　　　　　　　　＞ □なし
□あり　＜　　　＞円 □なし	□あり　＜　　　＞円 □なし	□あり　＜　　　＞円 □なし
□一括払い　＜　　　＞円 □金利に含まれる □なし	□一括払い　＜　　　＞円 □金利に含まれる □なし	□一括払い　＜　　　＞円 □金利に含まれる □なし
□別途支払いあり　初年度 　＜　　　＞円 □別途支払いなし 　□疾病保障あり 　　＋＜　　　＞円 　□疾病保障なし	□別途支払いあり　初年度 　＜　　　＞円 □別途支払いなし 　□疾病保障あり 　　＋＜　　　＞円 　□疾病保障なし	□別途支払いあり　初年度 　＜　　　＞円 □別途支払いなし 　□疾病保障あり 　　＋＜　　　＞円 　□疾病保障なし
保険金額 　＜　　　＞円 支払う保険料 　＜　　　＞円	保険金額 　＜　　　＞円 支払う保険料 　＜　　　＞円	保険金額 　＜　　　＞円 支払う保険料 　＜　　　＞円
繰り上げ返済最低額 　＜　　　＞円 手数料　□あり 　　　　＜　　　＞円 　　　　□なし	繰り上げ返済最低額 　＜　　　＞円 手数料　□あり 　　　　＜　　　＞円 　　　　□なし	繰り上げ返済最低額 　＜　　　＞円 手数料　□あり 　　　　＜　　　＞円 　　　　□なし

巻末付録⑧

住宅ローンチェックシート

当てはまるものは□内にチェック、<　>内に必要な数値などを書いてください。

	金融機関名　※記入例 < ●●●銀行　>	金融機関名 <　>
金利タイプ	☐全期間固定　<　>% ☑変動金利　< 0.41 >% ☐固定金利選択型 当初<　>年<　>% 上記終了後<　>%	☐全期間固定　<　>% ☐変動金利　<　>% ☐固定金利選択型 当初<　>年<　>% 上記終了後<　>%
キャンペーン金利	☑あり 条件・期間・金利等 < 電気の契約で−0.03% > ☐なし	☐あり 条件・期間・金利等 <　> ☐なし
事務手数料	☑あり　< 31500 >円 ☐なし	☐あり　<　>円 ☐なし
保証料	☐一括払い　<　>円 ☑金利に含まれる ☐なし	☐一括払い　<　>円 ☐金利に含まれる ☐なし
団体信用生命保険の保険料	☐別途支払いあり　初年度 <　>円 ☑別途支払いなし ☐疾病保障あり ＋<　>円 ☑疾病保障なし	☐別途支払いあり　初年度 <　>円 ☐別途支払いなし ☐疾病保障あり ＋<　>円 ☐疾病保障なし
火災保険料	保険金額 < 15年12万 >円 支払う保険料 <　>円	保険金額 <　>円 支払う保険料 <　>円
繰り上げ返済	繰り上げ返済最低額 < 1万 >円 手数料　☐あり <　>円 ☑なし	繰り上げ返済最低額 <　>円 手数料　☐あり <　>円 ☐なし

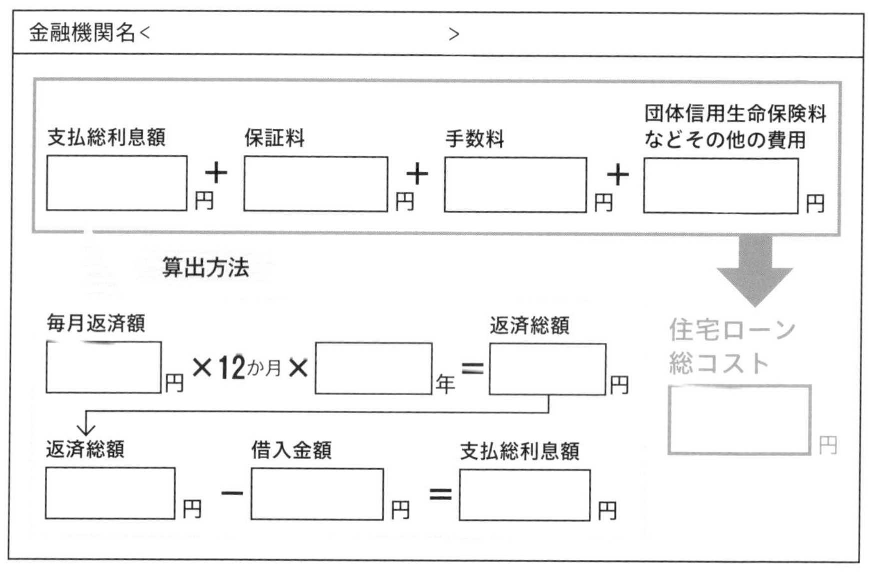
金融機関名<　　　　　　　　　　　　　　　　>

支払総利息額　□円 ＋ 保証料　□円 ＋ 手数料　□円 ＋ 団体信用生命保険料などその他の費用　□円

↓

住宅ローン総コスト　□円

算出方法

毎月返済額　□円 ×12か月 × □年 ＝ 返済総額　□円

返済総額　□円 － 借入金額　□円 ＝ 支払総利息額　□円

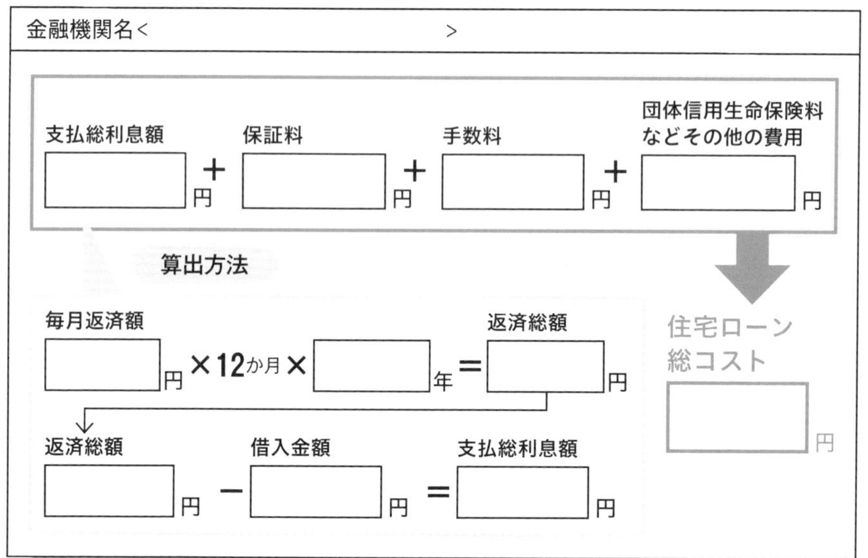
金融機関名<　　　　　　　　　　　　　　　　>

支払総利息額　□円 ＋ 保証料　□円 ＋ 手数料　□円 ＋ 団体信用生命保険料などその他の費用　□円

↓

住宅ローン総コスト　□円

算出方法

毎月返済額　□円 ×12か月 × □年 ＝ 返済総額　□円

返済総額　□円 － 借入金額　□円 ＝ 支払総利息額　□円

巻末付録⑨

住宅ローン総コストチェック

金利だけでなく、諸費用などを含んだ総コストで各金融機関の住宅ローンを比較しましょう。

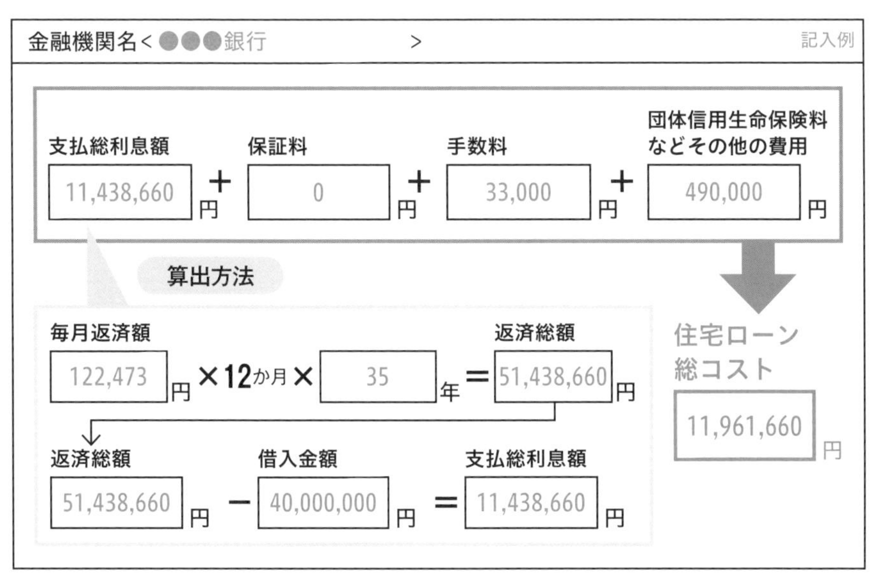

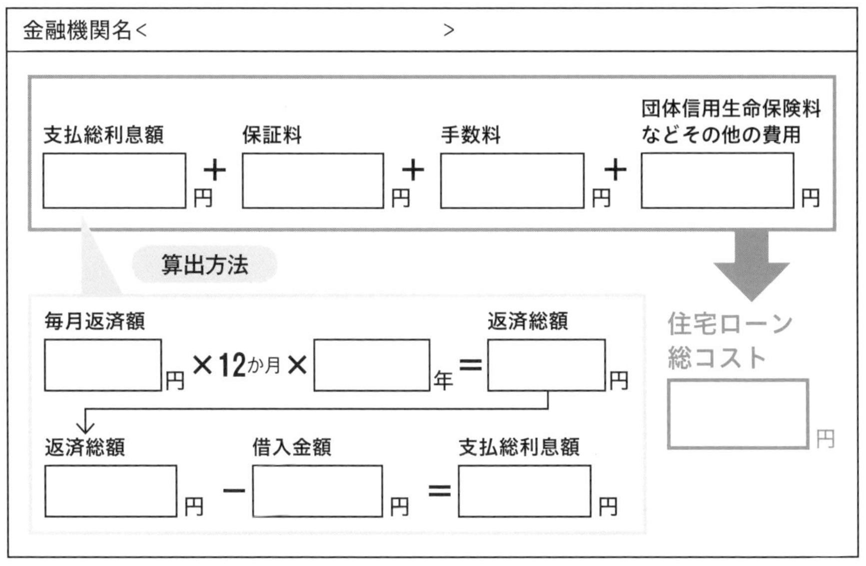

おわりに

最後まで本書をお読みいただきありがとうございました。

なるべくわかりやすく書こうと努力をしたのですが、どうしても法律や税金が絡んでくるので、理解しづらい部分もあったかと思います。ご容赦ください。

読んでいただいてご理解いただけたと思いますが、住宅ローンは友達や親からちょっとお金を借りるような単純な借金とは性質が違います。国の法律や金利政策、不動産の資産性といった様々な部分が絡みますので、借りたり返済したりする各段階で自分の将来に向けてメリットが大きい方法を選択していく必要が出てくるのです。この選択を上手にやれるかどうかで、住宅のコストが変わってくるという話になります。つまり、常に戦略を持って進めたほうがいいという話になります。

戦略を持つには、目指すゴールがないと何もはじまりません。チャプター2でライフプランについて細かく書かせていただいたのはそのような意味からです。まず、第一にどんな生活をしたいと思っていて、そのためにどんな住宅が必要かということを決めることが必要です。ぜひここは巻末のシートもつかっていただき、しっかり考えていただければと思います。もしご自身一人で考えることが難しい場合は、私の会社でご協力させていただくことも可能です。

また、「やっぱりまだ家を買うのと、賃貸にするのとどっちが得か決めあぐねるなぁ」という方も、ぜひライフプランをしっかり見直してください。一般論でなく、自分の将来にマイホームは「必要か」という判断ができるようになるからです。最終的には損得ではなく、「自分にとって必要かどうか」で考えればよいと思います。

いずれにしてももし、何か迷ったことがあったら、住宅ローンの細かい情報をとりにいくより、チャプター2のライフプランの部分と、ご自身で作成いただくライフプランシートを見直していただければそれが一番の解決に近いと思います。

最後になりますが、住宅購入は最終的にお金の損得だけではありません。満足のできる住環境で過ごせることが最重要なミッションであると思います。もし多少金銭的な損をしたとしてもローンをきちんと返済でき、家族みんなが幸せで健康に暮らせていればそのマイホームの選択は大正解ということだと思います。

本書があなたの素敵なマイホームを手に入れる一助となれることを願っております。

もし住宅ローンその他マネープランでわからないこと、ご相談などがあれば、ぜひコンタクトください。

菅原隆行公式ブログ：https://fps-den.net/

2021年7月　ファイナンシャルプランナー　菅原隆行

著者

菅原 隆行（すがわら たかゆき）

2級ファイナンシャルプランニング技能士、AFP、住宅ローンアドバイザー
住宅ローンのアドバイスならびに家計の節約コンサルティングを通して、総合的に各家庭が豊かになってもらうことを目指す。
難しい内容でも簡単な言葉で、家族が楽しみながら一緒にお金について考えられるよう相談を行っている。
資産を守るという観点から、不動産は投資の視点を重視している。
菅原隆行公式ブログ　https://fps-den.net/

イラスト　石井朋美
DTPデザイン　宮下晴樹（ケイズプロダクション）
漫画　保田正和
編集協力　山田稔（ケイズプロダクション）
編集担当　山路和彦（ナツメ出版企画株式会社）

本書に関するお問い合わせは、書名・発行日・該当ページを明記の上、下記のいずれかの方法にてお送りください。電話でのお問い合わせはお受けしておりません。
・ナツメ社webサイトの問い合わせフォーム
https://www.natsume.co.jp/contact
・FAX（03-3291-1305）
・郵送（下記、ナツメ出版企画株式会社宛て）
なお、回答までに日にちをいただく場合があります。正誤のお問い合わせ以外の書籍内容に関する解説・個別の相談は行っておりません。あらかじめご了承ください。

知りたいことがよくわかる！
図解 住宅ローンのしくみと新常識

2021年９月１日　初版発行
2021年12月10日　第２刷発行

著　者　**菅原隆行**

発行者　**田村正隆**

発行所　**株式会社ナツメ社**
東京都千代田区神田神保町1-52 ナツメ社ビル1F（〒101-0051）
電話　03(3291)1257（代表）　FAX　03(3291)5761
振替　00130-1-58661

制　作　**ナツメ出版企画株式会社**
東京都千代田区神田神保町1-52 ナツメ社ビル3F（〒101-0051）
電話　03(3295)3921（代表）

印刷所　**ラン印刷社**

ISBN978-4-8163-7061-8　Printed in Japan

〈定価はカバーに表示してあります〉
〈落丁・乱丁本はお取り替えします〉